Super mom, Super me!

# 只工作不上班
## 的媽媽，
## 都這樣賺錢

凱若 Carol ——— 著

時報出版

# 把「理想生活」
# 放在更重要的位置，昂首向前

　　此時，我們一家正在西班牙白色海岸，與從德國來的家人享受一年一度的家族度假。而下週，我們即將飛到倫敦與我遠從台灣來訪的爸媽相聚，一起同遊蘇格蘭三週。熱愛旅行的我們一家，以西班牙瓦倫西亞為據點，這一年還遊歷了義大利西西里島自駕、羅馬、希臘雅典、土耳其等等地方，十足享受我們的數位游牧生活。

　　當然，也一定每年安排回自己的家鄉：台灣，這是我們一家最愛的目的地之一。每一年，與同樣認真過活和追夢的媽媽朋友們相聚，也是我萬分期待的年度活動。今年（2024 年），在我創業同時育兒年資滿二十一年之際，我能夠以分享她們生命故事的這本新書，當作回贈這些美好友誼的禮物，我感到十分興奮！

　　回想起二十多年前，我挺著大肚子，思索著該要怎麼養大意外來臨的寶貝女兒，完全無法想像生活會是今日的模樣。當初選

擇了一條看似比旁人辛苦的道路，而今日能夠以自己喜歡的方式工作與生活，想起來真是無限感恩。感恩著許多的機緣與貴人，然而更感恩的，是自己並沒有妥協於現實，而是把「理想生活」放在更重要的位置上，並且為此努力。

　　孩子剛出生的那幾年，我曾經非常辛苦過。當我現在面對到不同事業的挑戰時，我總會回想當初那個為了給女兒好生活，而認真到眼神閃閃發光的自己。眼前的辛苦都會過去，留下的，是寶貴的經驗，與更強大的自己。當時的我，的確沒辦法像現在這樣睡得飽飽，心裡也時常有忐忑和自我懷疑，同時還要面對許多的質疑與不看好，但孩子是我的動力，是我的充電座。一天一天，就這樣跌跌撞撞，倒了再站起，逐漸打造起屬於我們的溫暖城堡！

　　現在女兒已經成年，在英國就讀喜愛的科系，兒子也到了不需要亦步亦趨的年紀，善良快樂。感謝因為花了許多時間與他們相處，我知道任何一個表情所代表的意義，他們也清楚如何與我搭配，以「我」這個人為本質而認識我，喜歡我，這真的是此生最美的回饋。我每日為他們祈禱，也期盼自己的愛與擁抱，和每日生活的美好片段，能成為他們面對漫漫人生的堅實力量。

　　這二十年當中並不是沒有過捉襟見肘的時刻，甚至也會感覺在不同角色上都沒辦法做到盡善盡美，而失望地躲在被窩裡哭泣，或擔心自己做不到。但就如書中這些媽媽好友一樣，我們並

不是樣樣都能，但我們努力讓任何內心的一個小小火苗，維持住光亮，就這樣延續著一日一日前進。

我很感謝這本書中每一位美麗的媽媽。我感謝她們是如此認真經營家庭與事業，在困難的取捨中，善用自己的 superpower 走出自己的道路，從她們身上我看見了「為人母」的十足潛力。當中有認識將近十年甚至三十年的姊妹淘，我們陪伴著彼此從女孩成為母親，再蛻變成今日的自己；也有這幾年我從身為「前輩」的角色而認識的年輕媽咪，看著她們面對到自己在多年前同樣的處境，發揮著無比的創意與熱情，昂首向前，我感到非常欽佩！

過程中，虛長幾歲的我得以透過一對一諮詢或成長社群，提供自己的經驗與支持。這，也成為我這些年所努力的志業：幫助更多有夢的父母親，創造自由與全面豐盛的事業與生活。因為我十分相信，這能夠為孩子們帶來最穩固正面的根基，去建築一個充滿安全感、善良、平和的世界。

我們或許都擁有不同的條件、背景、個性與能力，但「同為母親」，讓我們彼此支持。也希望這本書，帶給你許多勇氣與力量，知道你絕對可以，為自己與孩子們打造期待的生活方式！

2024 年 8 月於西班牙白色海岸

# 目錄 ✦ ✦ ✦ ✦ ✦

# CONTENTS

## Part 2 媽媽們都怎麼賺錢？

# 目錄 ✦ ✦ ✦ ✦ ✦

# CONTENTS

# Part

1

媽媽，你可以
不要去上班嗎？

一定要去上班
才能賺錢?

　　這是二十多年前，在我得知懷了女兒，再轉頭看了看銀行戶頭之後，問自己的問題。

　　我一向都是世俗規則的反抗軍，對於約定成俗的觀念想法總是想多問幾個「真的嗎」或「為什麼」。當時面對一個看似「非A則B」、「非伸手牌即去上班」的生涯重大抉擇，我鎮日苦思的，與這兩個選項倒是一點關係也沒有。我想找出第三條路：在家裡也能賺到錢的方法，沒想到這一想，竟開展了我這二十年的精彩旅程！

　　現在，我們一家住在西班牙瓦倫西亞，一年有三百個晴天，一個我們所選擇的地中海陽光之城。我們在哪裡都能工作與生活，擁有多重的收入模式（而且都不受工作地點與時間的限制），這一切都是源自當初不願意屈服於眼前兩個選項，決定走走看另一條路，才有如今的生活樣貌。

　　一路上，我也認識了許多同樣希望走出自己一條路的媽媽們！有些人與我一樣，希望在家陪伴孩子；有些則是厭倦了職場的高壓工作，希望能有自己的掌控權；也有些是經歷了多年的全職媽媽生活，決定發展自己的職涯。不同的故事，卻有著一樣的精神：在曠野中開道路，在沙漠中開江河。

　　德國夫婿 Jascha 與我在 2014 年搬到了德國漢堡，在那裡住了六年，兒子也在那裡出生。在這段時間我上網分享了自己在異鄉生活的心情與點滴，在異國教養子女的獲得，意外地出了第一

本書《每一天的教養，都為了孩子獨立那天做準備》，也很幸運地獲得廣大迴響，因此出版社希望與我合作第二本書，我受寵若驚。當時也促使我思考有哪個主題是能貢獻己力，回饋這麼多的善意與溫暖──我決定把自己在家創業的故事寫出來，並在2018 年出版了《我在家，我創業》這本書，將多年經驗化為實際可行的步驟，期望幫助同樣想在家創業的朋友得以圓夢。

透過這本書的出版，我組織了「我在家・我創業｜居家創業者的充電站」臉書粉絲專頁，以及「HomeCEO 居家創業者支援平台」，集結與連結十多年創業過程中的資源與經驗，逐漸協助許多朋友開始了他們的小型創業之路。也針對這個族群的需求，我接連出版了《爸媽不瞎忙》、《在家創個好生意》、《數位游牧》這幾本相關書籍。

而這一本《只工作不上班的媽媽，都這樣賺錢》則是集合了多年來我認識的新舊好朋友、好姐妹來分享他們的故事，當中許多人也是透過《我在家，我創業》而開啟了自己的在家工作、在家創業旅程。能參與在這些認真優秀的女性們打造理想生活的過程中，並且見證她們逐步闖出一片天，我時常深感榮幸與感恩。

過去剛開始創業時，我苦無女性的創業導師或人生模範。因為報章雜誌與書店架上滿滿的都是男性創業的故事。這些故事主角無論有幾個孩子，在他們的分享中都鮮少談到自己是如何安排身為父親的角色，因為通常他們都有個「賢內助」幫忙照料一切

家事，這樣的「成功故事」受到崇拜，以至於許多人認為事業與家庭只能選擇其一，或必須犧牲其中一項。

然而，我期望的生活是能夠享受身為人母的點滴，有充分的時間陪伴我的孩子成長，又能同時有份收入，獲得自我實現，甚至回饋社會。這些聽起來是很「貪心」的願望，但二十年後，我與許多的女性朋友都做到了，而且樂於歡迎更多人加入這個行列，無論男女，無論國度。我們不被「媽媽只能……」的框架限制，而是回歸「我想要什麼樣的生活」來思考。最終，有些人運用自己原本的技能在家裡接案工作；有些人發展了自己的興趣嗜好，讓它也成為自己的一份事業；有些媽媽從自身痛點出發，將自己的經歷轉化成其他媽媽們的解決方案；有些人則是把母親的愛擴充出去，幫助更多世界上的孩子或家庭，回饋社會。

我一直相信，媽媽的能力與能量無窮！甚至，經過成為人母的磨練，我們比過去的自己或職場上許多人擁有更多耐心與溫柔、更懂得善用零碎時間，並理解支援系統的重要性。我們擅長打團體戰，喜歡共好，更樂於享受一個平衡愉快的生活。

真實的故事充滿能量。我希望，翻開這本書的你能從這24位媽媽的故事中，找到你的力量！每一個故事的主角都有著不同的背景與能力，這多樣性讓我著迷。她們都像是魔法師一般，向內探索找出自己的超能力（superpower），運用手上的資源化腐朽為神奇。她們每一位都是我的英雄！

　　我年紀較長，起步得較早，因此被她們看作是前輩與老師，然而我特別喜歡與她們對話，在給予一些經驗分享的同時，我也常獲得許多力量。因此，在 2023 年的秋天我開啟了「藍月計畫」，每週固定在行事曆中畫出時段提供一對一諮詢，這是我回饋給這個溫暖社群的方式，也期待著與你的相會，更期待你也寫出屬於自己的人生新篇章！

# 我的在家創業故事：
# 想好好陪孩子成長

　　我的第一份事業是「婚禮顧問」，也就是協助準備結婚的新人和他們的家庭，籌辦整場婚禮。當時台灣這個服務品項才剛開始，經營者都是富二代，他們籌辦的都是富豪世紀婚禮。我父親的一位好友經營喜餅生意，見了面後對我說：「你蠻適合做婚禮顧問這行呢！而且台灣還沒有很多喔！」我就在孕期每天花一點時間，窩在網路婚禮討論區做功課，去飯店會場、花店探路，認識現有的婚禮廠商。竟然就在生產前，遇上了願意讓我幫忙的新人，生產後也就從一個月一場，漸漸累積，一點一滴，建立起自己在家的婚禮顧問公司。

　　當時是 2003 年。iPhone 還沒出現，電腦還要撥接才能上網（現在看文字腦中就出現聲音的朋友，沒錯我們就是同一世代），

咖啡廳也無法四處有無線網路，只有科技新貴才能帥氣地帶著筆記型電腦四處走（當然還是很笨重的那種）。在那樣的時代，要能夠 unlock（解鎖）工作地點與時間真的是一大挑戰！我抱著這樣的目標遙望著，告訴自己：「雖然還有段距離，但我的腦袋不能先被困住！」決定就放棄實體店面和辦公室、放棄大團隊經營模式，力行《小，是我故意的》作者鮑・柏林罕的建議，從網路起家，靈活度優先，逐漸開展。

會選擇婚禮這行業，很單純就是「時間」考量。因為婚禮的客戶多半都是晚上和週末才有空來籌備自己的婚禮，那時間剛好家人可以幫忙帶寶寶，我就可以放心地工作。一開始，我沒有資金來租辦公室，所以通常就約在新人方便的咖啡廳，或在他們與飯店談完後在大廳見面。我原本以為大家會質疑我的專業度，沒想到工作忙碌的新人反而很喜歡這樣的「彈性」呢！

我也很公開地分享自己是「在家裡工作」，而且平常身邊還帶著小嬰兒。這在當時是一個很勇敢的舉動，畢竟在家工作並不風行，許多客人和合作對象都希望能看到一間美輪美奐的辦公室，和一個完全心無旁騖、瘋狂專心工作的婚顧（還最好是個工作狂）。但我左思右想，如果要隱瞞自己在家而且有個寶寶的狀態，我就得要時時緊張是不是會被發現根本是抱著嫩嬰在沙發餵奶，這實在壓力太大了！這不是我想要的生活方式。

我很樂觀地想著：「如果上天真要我做下去，也一定會帶這

些不介意的客人來到我身邊吧！」因此我在部落格裡，不只是寫著自己創業的故事，籌辦婚禮的分享，更開始分享起我的育兒故事。沒想到卻因此累積了一群「鐵粉」，就算是自己早已結婚生子，還是把家裡頭親戚、公司裡同事的婚禮一個個介紹過來。甚至還有客戶希望我帶著寶寶去開會呢！我也從這個經驗學到，有時我們自己腦補想太多了，這世界上終究會找到懂我們的一群人，做他們的生意，又順又愉快，何必縮小自己，苦苦勉強與自己價值觀不同的人無限磨合呢？這也成了我日後事業發展時的基本精神：做適合自己的事，與價值觀相符的人合作。

## 遠距管理婚顧團隊

當時，我躬逢其盛遇上了台灣竹科的興起。科技新貴有高收入卻沒有時間準備婚禮。他們多半教育程度很高也很聰明，對自己的婚禮有著新思維，不想套用父母親的傳統做法，但也不想要太過標新立異。這個背景的人群我懂，因為我也是在這樣的環境下成長，我的父母和他們的父母有著極多的相同點，因此我也很知道要怎麼在「新人想要」和「爸媽堅持」之間找到平衡點，讓彼此都感覺放心。這類的家庭通常不喜歡太多「節目」和「意外」，和我的性格也相符，因此做起來得心應手。我就這樣搭上起飛的列車。很快地，週末常常從週五晚上滿到週日晚上，滿滿

一週五場婚禮。這樣的案量實在讓我吃不消，於是開始發展團隊，培訓婚禮人，漸漸有規模地經營起來，也開始有了公司的辦公室，讓員工有地方上班來處理行政的事宜。但，我仍舊不在辦公室放自己的位置，因為我希望一直可以在家工作，從陪孩子，到享受在家的時間，我知道讓我愉快的工作場域不在辦公室。「遠距管理」的階段也就此開始。

由於與員工在不同地點上班，因此我很早就開始使用「雲端」（clouds）。當時要我解釋 clouds 是什麼，我還說不完整，但因為實在太想要擺脫紙本和傳真無法隨時讀取的困擾，在知道有線上儲存的選項後，便嘗試著把訂單、檔案等都放上網。相較起創業前十年的土法煉鋼，現今一支手機在手，就能存取和編輯所有文件，也能直接用通訊軟體溝通，真是方便太多了！如今還加上各種方便的線上軟體、人工智慧（AI），現在只需要有一個點子，搭配上科技與各種自由工作者的服務，一個人就能完成在過去需要全職聘用一整個團隊才能完成的事。

當時團隊成長得很快，簽下了幾間五星級飯店與婚宴會館的合作案，最高紀錄曾經接下一個週末上百場的婚禮。然而對我來說，「大」並不是我創業的目的，「自由」才是。

# 隨著孩子成長，
# 調整我的步伐

　　當時選擇婚禮是因為女兒還小，平時都在家，所以我平日白天可以陪伴她，晚間週末家人帶她的時候我就可以工作。然而隨著她漸漸長大，我開始有了危機意識，學校生活即將要佔她平日生活的絕大部分了。我如果維持婚禮現場的工作，肯定會犧牲我與她相處的時間，因此在女兒大概四歲的時候，我開始將事業的觸角延伸至平日也可以做的教育培訓與講師工作。

　　當時有許多和我一樣的年輕媽媽，也想要週末能夠有一份收入和自己的事業，因此我的「歡沁婚禮學苑」培訓課程從一開始推出就總是滿檔，我又一次發現，原來不需要因為害怕而固守原本的戰場，為了自己的想望而調整是有可能走出另一片天的。我的收入倍增，卻可以大幅減少婚禮現場的服務工作，漸漸準備好

迎接孩子的小學生涯。她上小學之後，我可以在下課後和她一起去上畫畫課，她和其他孩子一起學畫，我就在教室外面開始畫油畫，竟也開始了我另一個興趣，到現在和孩子一起作畫，都還是我最美好的日常。

而兒子是我在剛搬到德國沒多久時發生的「意外」。當時我的事業已經到了一個階段，不太需要我事必躬親，錢還夠用，日子覺得挺自在的。每天學畫畫、學德文、練 Krav Maga（以色列格鬥術），還時常旅行，事業上我也打算繼續熱切參與台灣的事業工作，反正一切網路化應該沒問題。沒想到高齡懷孕的我，從孕程一開始就非常不舒服，時常得要臥床休息。當時又面對到一次人生抉擇：究竟要照我原本的規劃，不要因為懷孕育兒而改變？還是要投降，以孩子為優先？

## 對人生保持彈性和耐心

我再次選擇了孩子。同樣地，也要面對這個選擇所帶來的衝擊。我無法再跨越時區差異參與所有的會議，我無法到台灣和美國出差，這個決定讓合作夥伴不是很能理解。再次懷孕，加上新的家庭、新的國家，一切都要重新適應，我等於全部得要歸零開始。Jascha 當時只有二十三歲，剛回德國努力學業中，但因為我當時完全還不會說德語，他需要安排所有婦產科檢查，一起做所

有的採買、醫院會談等等，對他也是一件超級挑戰。我們深談之後，決定把事業和其他事放到最低可以維繫的程度，專心養胎和預備新生活。這代表了收入的減少，甚至可能影響未來的發展，但這也是考驗我是否清楚自己人生順序的時刻。

這二十年，我的確是事業與育兒一直並行，但並不代表我隨時都把它們放置同樣的比重。當孩子還小，當我們搬遷或變換環境時，我就把家庭生活的比重調高，專心先把家給穩下來，過個幾年當孩子不再這麼需要我陪時，我再將事業的比重給調高。這個過程總是動態的，而非鎖死的；而孩子的需求也是變化的，是有期限的。「保有彈性」和「培養耐心」對於擁有一個快樂的人生，實在太重要了！

現在我的女兒已經成年，在蘇格蘭讀大學，過幾年有可能又要到哪裡去冒險。我們非常親密，但她的確已經從每天都要看見媽媽，到現在幾個月我們才見面一次。而兒子也即將十歲了，和他的足球隊友與同學在一起的時間永遠不嫌夠，所以媽媽我目前是他的「特別助理」，負責安排這些社交行程，接待他的朋友們來家裡吃喝玩樂，他也已經不需要我亦步亦趨了（雖然每天還是要黏著我們抱抱和睡覺）。我們有更多的時間衝事業，做自己的事。一個階段、一個階段，父母的角色一直在轉變，所以別覺得「此刻」就是「永遠」，如果能夠，好好享受當下這個階段的「主要任務」吧！有可能三年後，一切都會翻天覆地進入下一關，你

覺得最痛苦的部分，有可能成為你最懷念的時刻呢！

　　寫到這，我也要先認真說明：這是「我」的選擇，並不代表我認為這才是「對」的選擇。每個人的人生順序都不同，個人的狀態也不一樣。有些人選擇一輩子不生孩子，我覺得也是很好的（至少真的多了很多錢和時間啊），我兩個孩子都在我意料之外，所以我很明白為什麼會「選擇」不當父母。而有些父母也因為現實的一些因素而必須做出不同的決定。然而我認為最重要的，是不要覺得自己「毫無選擇」。我們都得要面對無數次的人生十字路口，每一次的抉擇都帶我們走向一種人生，如果總覺得自己毫無選擇，就等於接受著別人所安排的框架，走一個別人寫的人生劇本。

## 放下「不可能」的想法

　　在這本書中，你會找到幾十個不同媽媽的故事，她們都與我有著不同的背景、個性、專長。我甚至特別選擇與我非常不同的案例，就是為了讓閱讀這本書的你，可以感覺到「我也可以」。無論是什麼條件，你也可以有所選擇。

　　若是你盤點自己所擁有的資源（甚至只是你的興趣，或者別人時常喜歡找你幫忙的點），你絕對都可以發現許多的可能性。有些媽媽是從一開始就決定在家帶孩子，之後才發展出自己的在

家賺錢之道（像我一樣）；有些媽媽則是工作了一段時間之後，決定回到家裡。有些人是希望能夠賺生活費，有些則是希望實現自我，更多媽媽是擁有多重不同的期望。但相同點，都是我們希望自己不被單一身份框架住，我們希望身為在家的母親，同時也能夠擁有自己在事業的一片天，就算是小小一朵雲，也很滿足。有時就因為這樣一個小小的渴望，得以成就很精彩幸福的人生，甚至對這世界產生了從未想像到的影響力。

我相信在每個抉擇點，若可以先放下其他人的意見，放下「不可能」的想法，都很有機會走出一條屬於你的道路。這也是這本書為什麼要寫出這麼多的故事，因為每個人都有各自的人生組成，就像料理，每個人都擁有不同的食材香料和各自的喜好與技巧，都可以烹煮出屬於自己的好味道。

我相信，你也可以！

# 為了孩子待在家，
# 是我最好的人生決定

　　最直接的獲得，就是我從未錯失兩個孩子任何的成長階段。對我來說，這個體驗是無可取代的，對於孩子來說的價值還無從得知，但我自己在這中間得到的快樂，勝過任何物質享受所能帶來的滿足。當然，不是所有人都能從這當中得到如此的感受，我很慶幸自己在懷孕之初就知道這件事對我個人的重要性，也沒有因為任何人的勸說或現實的挑戰而放棄。這條路上真的有太多「旁人意見」了，耳背的功力真的蠻重要，否則很難走到今天。

　　「媽媽永遠都在」這句話對我們家來說，不是一個象徵意義，而是實際狀況。甚至現在是我與 Jascha 都「待在家」（在家工作），因此孩子真的是隨時找得到我們。我們的確是有點瘋狂的父母，但人生的瘋狂就這麼幾件事吧！

## 相信直覺，打破既有思維

這個決定始於一個「直覺」，而我聽從了這個直覺之後的所有選擇，形塑了我的生活，甚至影響了我整個家庭的生活模式與互動關係。

我一開始只是想要待在家陪孩子，接著發現金錢對生活品質的重要性，決定在家帶小孩的同時努力尋找機會創造收入，就這樣踏上「在家創業」之路；幾年後又為了能夠多一些時間陪學齡的孩子，所以將事業轉型。這又是一個「聽從直覺」所帶來的決定，意外讓我開啟了從自己做到教別人做的神奇旅程。一開始我以為事業上的轉型會帶來收入的減少，沒想到我的收入竟然翻倍，我的影響力也是。從能夠讓自己養家活口，到可以讓許多和我一樣渴望自己有收入的媽媽們得以在週末穿得美美，出門主持婚禮，甚或是在家開啟自己的事業！我沒想過原來單純分享自己的生命經驗，可以幫助到其他人，甚至其他家庭。

但其實，並不代表我就永遠想要待在家，或者當全職媽媽是最棒的職業。我所謂「為了孩子待在家，是我做過最好的人生決定」，是指我的人生因為這個決定而有了一個大轉彎，偏離了我原本的軌道，打破了許多限制性思維，而造就了這決定之後所有的奇妙開展。

人生是抉擇的綜合體。如果我當時沒有跟從直覺做了這個決

定，我不會面對到對金錢的態度轉變，不會選擇創業，更不會走上書籍作者、講師，一切的道路。我也不可能解鎖自己工作與居住的時間與地點，在西班牙開始我們的新生活。一個決定，造就下一個決定，而人生就因為這些決定而組成它最終的樣貌。我的確放棄了些什麼，特別是那些其他人在乎但對我不重要的東西，但我也更知道跟隨己心是什麼樣的感覺。

　　如果你已經決定待在家，那就讓待在家成為最美好的決定；如果你決定創業，那麼就好好享受這段旅程；如果你重新進入職場工作，那麼請讓它不是迫於無奈的決定。當我們從德國搬到西班牙時，Jascha 決定開始自己的事業，並且邀約我成為他的生意夥伴。我當下馬上拒絕了，因為我知道創業的辛苦，已經創過很多產業的我實在沒有動力再來一次，我想要好好享受西班牙的陽光空氣水啊！然而幾次的深談後，我明白了我的參與對 Jascha 的重要性，知道自己應該是會再「下海」一次，但我請他給我一點時間，因為我需要有屬於自己的原因，不是因為要幫他，不是因為他想要，而是我自己想要從這個經歷中完成什麼，得到什麼。

　　幾天後我告訴他：「好！我們一起吧！」我寫下了再次創新品牌的原因。第一，我一直都在做非實體的服務產業，沒有親自經營過實體產品的通路拓建，透過這次的創業可以學習實體產品的經營；第二，我一直希望做跨國的事業，希望能夠擁有不同國

家市場的經驗，也真正體驗遠距創業的過程；第三，我真心喜歡我們想做的產品和品牌，熱愛它們的故事，它們家族企業的精神，我希望能夠發揮自己說故事的天賦，分享出它們的故事。有了清楚的「為什麼」，我才能真正投注心力，而不會覺得自己是被逼著沒辦法，或者為了別人而做。當遇到挑戰的時候，我也才不會怪天怪地怪他，而是真正當責，親自承擔風險與責任地將這任務給完成。

我們也「決定」仍舊在家工作，不因創業而影響任何家庭生活。這世界上有許多種創業的方式，有許多創業家的風格，但我們知道自己創業的動機不是為了金山銀山，而是為了維持生活的「自由度」。而這個自由度，是用在我們可以充分享受家庭生活，與彼此和我們的孩子共度。的確這讓我們的工作時間有所限縮（可能也因此減少了不少收入），但同時我們也享受了平日的約會，一起接送孩子和走回家的聊天時光，與孩子一起參加球賽、生日宴會，與我們的家庭好友一起度過週末和假期等等。

## 聽從內心，過自己想要的人生

這一些些小的決定，都形塑了我們的生活模式。我鼓勵你們，很認真看待這類影響生活方式的決定。不要因為別人都怎麼做而就那麼做，不要因為本來的生活是如何，從小是怎樣過的，

就依樣畫葫蘆繼續照舊。

　　生活像是你的創作物，事業也是，你更是。如果不喜歡自己創作的東西，可以隨時打掉重練，千萬不要雙手捧著別人捏塑出來而你卻討厭的東西，無法空出手來做出屬於你的藝術品。我走過無數次重新打造的時刻。當下的確是辛苦的、困難的，尤其是當有家累的狀況下，要做出任何跟從己心的決定都不容易，充滿恐懼也得要付些代價。但我也曾經因為「好像這樣太任性了」而跟隨別人的模式，結局就是不愉快也不順暢。特別到了此時快要進入五十歲的時刻，我更不願意將我的人生決定權放在別人手上。我所決定的人生或許不完美，可能歪斜又稚嫩不成熟，但至少那是我的，我不過別人要我過的人生。

　　你的一個決定，會影響著下一步。每一步往前走，就走出了一條新的人生道路。我願你時隨己心，願你永保善良，快樂與遠景都時刻伴隨你！相信我，你可以有所選擇。

# 限制，
# 反而帶來真自由

　　「在家帶孩子」的這個決定當然給了我一些限制，例如我刪除了一般公司朝九晚五工作的可能性，注定我無法在大公司朝著金字塔頂端升遷。但也因為如此，開啟了另一種職涯的選項，讓我現在得以在世界各地都能過著不被工作地點與時間限制的數位游牧生活。可以說，當時認為「為了孩子」的一個決定，卻是造就我自由生活方式的正確選擇。

## 盡早存下記憶股息

　　我的父親是創業者，擁有自己的建築師事務所。我曾經計算過，爸媽兩邊有超過八成都是創業家庭呢！所以我可以說是「生

意子」。然而看過這麼多的創業人生,倒不是每個都讓我感覺心生嚮往。父親在二戰結束時仍在襁褓之中,阿嬤還常分享起當初抱著爸爸躲防空警報的故事,阿嬤開的火炭店養大了一家八個孩子——五個兒子和三個女兒。

爸爸和他的兄弟姐妹創業時,正值台灣的經濟起飛,我們在家庭聚餐時常聽著「生意經」配飯,也會聽到爸媽私下告訴我們一些祕辛故事,有些故事實在精彩,如果寫下來肯定是很棒的電影題材。而那些年,老爸也曾經因為投資失利而面臨很大的財務危機,我們一家人得要搬離天母的房子,暫住旅居美國阿姨在台北市中心的小公寓。這些故事都是媽媽在老爸過世後才告訴我們的,但記憶裡,老爸從未在我們面前展現憂愁或壓力,他總是帶著一抹帥氣的微笑,默默努力。沒多久,我們也再次買下了自己家的房子,還有他的新辦公室。

這段日子的辛苦,我們身為孩子沒太大感覺,因為爸媽把所有生活必需以外的時間和金錢,通通給了我們。當時的我們還感覺自己好像「小公主」,要學什麼才藝都能學,要買什麼也不缺,時常也會有家庭旅行。現在我同是創業者,也是母親,可以想像當時對爸媽來說,肯定是一段非常不容易的日子。感謝他們的努力,更感謝他們並沒有把承受生活重擔的情緒,放在我們身上。

這樣的創業生活非常精實,除了家庭出遊之外,爸媽並沒有太多出國的時間。老爸曾經告訴媽,在他五十歲之後就會帶她去

歐洲度假，去看那些他身為建築師卻只能在教科書上看到的精美建築。但無奈，他在四十九歲就罹癌，一年多後就離世了。父親因為創業，得以給予我們很不錯的物質生活環境，也因為創業，他能夠在短短幾年內，從瀕臨破產到買下兩棟房子，這或許也是我後來走上創業路的原因之一。但我也難免會想，爸爸如果在努力的當下也能不要「等退休」，而可以出去歐洲走走，或許他自己與我們一家的回憶中，還會有更多的滿足呢！

　　這也就是在《別把你的錢留到死》這本書提到「記憶股息」的概念，我非常認同作者比爾・柏金斯。最終陪著我們嚥下離世那口氣的，絕對不是錢財，是在這世間我們所經歷的，以及與我們一起經歷一切的人。記得你年輕時候某一次旅行嗎？那個一直讓你想重複分享的故事？每回憶一次，每分享一次，就等於增加這個回憶的價值，如股票增值一樣！這樣想著就覺得非常美好。

　　感情戶頭，需要回憶貨幣的存入。我的父親雖然只有短短不到五十年的生命，但我到現在仍舊記得他唱歌的樣子，週日早晨聽著音樂，燙著他心愛的襯衫和擦著光亮的皮鞋，也記得在他最後一年我們共度的時光，他與我聊到年輕時代辦趴的故事。每一次我想到這些畫面，那個記憶又增值了。我寧願將人生的重點，放在創造更多這樣的回憶上，我希望有更多的「回憶財富」讓我的孩子未來得以延續著，甚至還可以傳子傳孫，把家庭的傳統和精神傳承下去。

## 回憶是最珍貴的幣值

　　還記得女兒的十歲生日，我人剛到德國幾個月而且正懷孕五、六個月，女兒當時還在台灣讀完最後一個學期才要到德國，我們分離兩地一段時間。我十年來從未缺席女兒的生日，雖然人在德國又懷孕在身，卻怎樣都不想錯過，因為那一直是屬於我們倆的約定，而我也希望讓女兒知道，對媽媽我來說，不會因為有了弟弟就忽略了她的重要日子，所以我決定還是要回台灣一趟，幫她慶生。我們徵詢醫師的意見並且拿到適航證明，也因為希望旅程舒適（其實是為了肚子裡的兒子，也為了讓老公放心），搗著眼睛買下我人生中第一張商務艙機票，對當時的我來說，這一週單純回台的行程是個不小的挑戰，但現在回憶起那次的生日，都讓我們印象深刻且感動。甚至到今天都還記得那次我給她的生日禮物：一場蛋糕製作課，也記得我大著肚子陪她和好朋友們一起去唱 KTV，還特別弄了一個 Minecraft 的蛋糕！我很開心自己做了那次的決定。

　　有了「記憶股息」的概念，我們也更認真對待每一年的計畫，畢竟一年當中每個人都能夠共同安排的時間很有限。「旅行」是我們一家人都喜愛的事，因此我們在一次家庭會議中寫下了一份家庭旅行清單。清單分成「長旅行」（需要兩週以上的時間）和「短旅行」（長週末就可以完成的旅行），依照希望完成

的順序排列，每一年我們會安排兩到三次的長旅行，五次左右的
短旅行，算起來一年中大約有兩個半月時間在旅途中。對於家有
學生的我們來說，這已經算是滿意的比例。這也是因為我們選擇
以「時間和地點自己掌握」的方式工作，才讓我們只需要看好孩
子學校的行事曆就可以安排旅程。

　　只是想到花費，難免讓人糾結，一家四口旅行的費用不菲！
這些錢如果拿來存款或投資，以目前我們投資組合的報酬率來
說，可以有很不錯的獲利，說沒有猶豫絕對是謊話。有時想到「我
們竟然把所有閒錢都拿來旅行了」還是會心生罪惡感，不是應該
像螞蟻一樣為冬天存糧嗎？為什麼像蚱蜢一樣把錢花光了呢？這
時，想著「回憶是最珍貴的幣值」就很有幫助。每一年我們會抓
出今年可用來「投資回憶」的金額，好好把這筆資金妥善運用，
就與我們把規劃「投資理財」一樣認真，這也讓我們更有動力去
工作了。

## 不會後悔的選擇

　　又例如創業幾年後，中國婚慶市場剛要開始發展。我當時身
為婚禮顧問協會的理事長，自然時常收到邀約，但我一一婉拒，
將其他優秀的台灣婚禮人推薦給他們，原因就是我當時給自己設
下的一個原則：不離開家超過一個晚上。我的女兒在那時候還未

上小學，睡前還是要媽媽說故事，我捨不得離家太久，所以只要超過兩天以上的活動我都不參加。這個原則不是任何人給我的，而是我的選擇，因此也沒有感覺有損失或遺憾。

工作，我希望它僅是我人生的「一部分」，甚至不是「一大部分」。人生中更美好、更有價值的東西還有好多，需要我們有「時間」來體驗，與所愛的人分享。為了體驗生活而努力工作，而非為了每日工作而將就活著！我希望在自己有天已經走不動的時候，會感覺「還好我想去的地方差不多都去過了，想做的事差不多都做過了」，盡力不留下遺憾。

我在對任何事情 say yes 之前，會先思考「這時間做這件事是否是最佳解？會不會錯過什麼重要的事？這件事會為我和我愛的人留下什麼？」不單純用「金錢」作為衡量的貨幣（還加上「回憶貨幣」），可能會改變我們的選擇，而通常，那會是讓我們不會後悔的選擇。

我是媽媽，
我也想要賺錢

賽門‧西奈克（Simon Sinek）為了「why」（為什麼）這個詞，寫了整整兩本全世界暢銷書《先問，為什麼？》和《找到你的為什麼》，由此知道自己為何努力的原因，是多麼重要的一件事。

在我一開始決定做全職媽媽的時候，我身邊出現了很多聲音：「為什麼要浪費你的學歷？」、「你這樣以後怎麼回職場？」、「能力都浪費在家裡了！」，這些其實都是在問我：「你究竟為什麼要做這件事？」而當我又更進階決定要在家創業的時候，同樣的問題又出現了：「你為什麼要把自己弄得這麼累？」、「已經有小孩了，還要創業，你瘋了嗎？」、「如果要做全職媽媽就專心做啊！為什麼還要『分心』工作呢？」同樣地，都是身邊人無法理解我的 why 而有的質疑。

一開始我很認真為他們的每個問題提出充分的答案，甚至感覺到有點惱火。但被問到後來，加上體驗到了新手媽媽無眠的夜晚，新事業的諸多挑戰，也會開始一直問自己：「你到底是哪裡有毛病？究竟『為什麼』你要做這些事？」。

當我回歸到：「我究竟為什麼要做這些事？為什麼要決定自己在家帶小孩？為什麼要有自己的事業？」反覆思考確認那不是別人放在我腦袋裡的「應該」，並且寫下屬於我的答案，突然這些身旁的提問變得沒有這麼惱人，我的心也穩定了許多。

在訪問這些媽媽們的過程中，我也發現同樣的故事。許多人

在一開始充滿了自我懷疑和恐懼，但當他們將焦點放在自己的「為什麼」上，一切突然就清晰許多。當然，並不代表困難會減少，不代表不會有搖擺的時候，但總是能夠再重新回到努力的正軌上。

　　接下來，我也會整理這些媽媽們提到她們選擇在家賺錢的原因，與你們分享。或許你也可以思考，這些理由對你來說是否同樣重要，或者，你也有你獨特的強大動機。

# 錢，
# 真的蠻好用的

　　這真的不是文藝青年會用的標題。不過，這真的是事實。特別是在我當媽之後，更體認「錢」真的蠻好用，而且會影響整個生活品質，甚至家庭氣氛。

　　這裡說的「有錢」並不是要成為富豪，而是很基本的：免於匱乏。我們已經不是處在以物易物，或者每個人家都有塊小地方養養雞或種菜的年代（有時也覺得回到那時代也挺好的，自給自足真的是很不容易的理想啊），一個小家庭，每天都要付電費、水費，現在還有網路費、手機月租費。就算不外食，我們也得要到超市或市場買食材，如果講究點還想挑選有機產品。要有棲身之所，要有衣物鞋子（孩子的還得要經常隨著他們成長而更換），就算是都用二手貨或恩典牌（別人贈送的衣物），也偶而會有需

要。我們不會希望孩子在小時候就擔心是否付得起學費，希望至少可以買得起文具書籍，還要偶而出遊和慶祝生日，這些期望的背後都有一個數字。

## 「尊重」金錢的重要

我曾經不在乎金錢到可以直接在非營利組織裡頭領最低薪資工作，對於資本主義的世界太強調賺錢和投資感到嗤之以鼻。但很奇妙地，一切想法都在我知道自己懷孕之後，好像換了一套軟體一樣，通通重新排列組合。當時的我非常窮，銀行戶頭常常只有幾千元。從來沒有擔心過財務狀況的我，在當下突然感覺到驚恐。因為，不是我自己開心就好，我想要給我孩子一定的生活品質，給孩子做夢的支持。我想到我的父母親給予我的環境，二十七歲的我真是有種慚愧感。不是因為我沒有錢而慚愧，是我從未如此感恩他們為我們姐妹倆所提供的一切。

我開始「尊重」金錢，不再輕視它。連能賺三千元都感到快樂，因為可以付電費、水費和手機費。我也才開始認真盤點自己究竟有什麼「生存能力」，赫然發現，我雖然是北一女、台大畢業的「高材生」，學校的教育主要告訴我要如何在單位中表現優良，生物學、管理學、心理學都很有趣，對人類社會也很重要，但卻沒有辦法付我眼前的帳單。反而是在社團活動裡培養的許多

能力，例如四處找贊助，不怕被拒絕地狂打電話，整理提案這些，幫助我開始接觸出版社，從校正文稿開始，我接了一些小案子，也開始擔任譯者，甚至向出版社毛遂自薦而拿到了一份書約（到現在都覺得是神奇的故事）。最終我沒有把書寫出來，因為同時間接觸了婚禮顧問這個產業，我認為那是個投資報酬率最高的選項，平日晚上和週末還可以有家人幫忙帶小孩，就決定衝了！

　　我根本沒有很喜歡婚禮，甚至可以說蠻無感的。但是我有多年在童軍團和校園團契辦活動的經驗，也幫好友們辦過婚禮，「應該」是可以做到吧！我這樣告訴自己。長話短說，我竟然就做了婚禮顧問、教學，經營婚禮人團隊將近十五年的時間，全盛時期每週末都有上百場的婚禮，與五星級連鎖飯店簽約合作，到各個婚宴會館培訓婚禮人。一開始就只是「好想賺錢」這四個字當作自己的燃料。

　　前幾場婚禮，是網路婚禮籌辦社群的準新娘願意讓我參與和幫忙他們的婚禮，我甚至都沒提到收費（太資淺真是不敢收），因此只是賺個幾千元的紅包錢。但我非常快樂，因為我可以付得起帳單，買菜的時候可以多買一些自己喜歡的，不只是買特價品。

　　我爸爸的朋友和我自己當初的直覺真是準，我的確很適合做婚禮這行。我適合「人」的行業，我把自己當作一個轉譯者，說出新人心中想說卻不敢說的話，這點是我的長才。隨著場次增

加，收入增加，我的焦慮終於可以放下。

## 有錢＝幸福感？

　　「金錢」當然是非常基本的生活必需。雖說金錢買不到快樂，但是沒有錢，真的很難快樂起來！《*Psychological and Cognitive Sciences*》（心理學與認知科學，暫譯）的研究發現，年收入超過 10 萬美元（當時約新台幣 307 萬元），幸福感就會開始穩步上升，而且並沒有停滯。另，2023 年美國普林斯頓大學與賓州大學研究團隊的研究，蒐集了 33,391 名美國成年人的資料，發現金錢對於「幸福感」的影響，可能遠比我們原本認為的還要深遠。

　　過去認為金錢對幸福感的影響，高過年收入 7.5 萬美元（當時約新台幣 231 萬元）之後，就不會再上升，但這次同團隊的研究中，受試者被要求於手機應用程式上，連續數週、每天三次記錄回報「幸福感指數」，並且納入更多的變項來了解收入與「主觀幸福感」之間的聯繫。結果顯示，「主觀幸福感」的確會隨著年收入增加而上升，除了原本就最不快樂的 15% 人群在超過 10 萬美元年收入後，幸福感只有「趨於平穩」之外，其餘族群則是財富越高，幸福感越高。

　　如果對於「沒錢問題多多」的感受特別強烈，也會特別覺得

「有錢後舒坦很多」吧！這對應到我身上也是如此。我在剛懷女兒的時候，真的好窮。沒錢可以租房，就暫居在爸媽的房子，而且也付不出房租，只能說「先欠著」，謝謝媽媽當時的收留和包容，我終於也能在創業三年多後買下第一棟自己的房子。在這過程中，每次幫女兒買尿片都要帶著計算機去比較單片的價格，如果超過 4 元就買不下手。每個月我也得要控制家用，學習記帳，這段時間真的是蠻辛苦。但也因此，到現在我仍舊對金錢很尊敬和珍惜，以前一個月的買菜錢只能有 3,000 元，到了 5,000 元就得要深呼吸，所以現在我收到一筆新台幣 3,000 元的訂單，也會告訴自己：「這可以付些帳單呢！」這樣讓我時刻感覺到現在很幸福。

每天計算著女兒尿布一片不能超過 4 元的日子，我真心不想過太久。我也希望能夠給孩子像過去父母給予我的生活，然而又希望不要像他們一樣超時工作，天天得離家。聽起來，我是個很貪心的人，我當時也常聽到這樣的評語，但與其希望別人給予我想要的條件，不如自己來創造條件。能夠有錢帶孩子去體驗生活、旅行看世界，也能擁有大量與他們相處的時間，這是我的選擇所帶來的雙重好處。的確，這帶給我很大的快樂！

當然，財務的狀況也特別影響心情，我想這不需要科學研究，每個人都可以認同。但是，若你屬於一定要有科學研究證實才能相信「沒有錢實在痛苦」，那麼真的要好好研讀紀靈斯渥斯

（Matthew Killingsworth）的研究報告。他與研究團隊從調查結果得出結論：雖然金錢不能為「所有人」帶來幸福（畢竟還是有對金錢非常雲淡風輕的人，或者怎樣有錢都不會快樂的人），但缺乏金錢卻與「不幸感」大有關係。生活在貧窮狀態的人，更有可能罹患心理疾病，而罹患心理疾病的患者之中，半數以上有未清償的債務、貸款或帳單。這代表，不良的財務狀況，對心理健康影響甚巨。

## 有錢會更健康？

2018 年，權威的醫學期刊《JAMA》曾指出，研究人員以二十年長期追蹤 8,714 名介於五十一到六十一歲成年人所面對的財務狀況變化與死亡率之間的關係。「負面財富衝擊組」（也就是經歷了至少一到兩年時間的負資產或者破產狀況，財富減少 75% 以上）比起「正面財富衝擊組」的死亡率高出 50%。為期二十年的研究結果結束時，「負面財富衝擊組」有一半以上已經死亡，而「正面財富衝擊組」則是不到 30%。其中，導致這樣死亡率增加的直接原因非常顯而易見，第一是憂鬱和焦慮所產生的自殺，其次則是心血管功能受損、藥物濫用等。而間接原因則是因為財務狀況所導致以上疾病無法得到妥善的醫治，造成的長期健康危害，增加死亡率。

綜合以上的研究甚至可以大膽地說，比較有錢的人活得更久、更健康，也更快樂幸福。那我們希望賺多點錢，不也是追求自己與家人更健康與快樂的生活嗎？只是，很多人對於「賺錢」的限制型信念，就是得要犧牲與家人在一起的時間才可能做到，但這本書中所有故事都告訴我們，只要有清楚的動機信念，加上適切的安排，身為在家陪孩子的父母親，也能夠同時擁有事業與收入的。

# 無論怎麼生活，
# 都要有財務能力

　　我們家爸爸和媽媽都是在家工作的創業者，因此我們家務與育兒分工的確是挺平均的。然而現實來說，很多家庭並不是如此。若有其中一人待在家帶孩子，多半是由母親來擔任這個角色。我們自己公司的兩位爸爸夥伴都是在家工作，而我也認識不少在家工作或創業的爸爸，所以絕對是有男性做這樣的選擇與安排，的確也有越來越多願意且喜歡待在家裡的爸爸，不過這個數量與待在家裡的媽媽相比，還是有著天壤之別。

　　其中很現實的一個考量因素，就是許多女性的收入低於男性。這點在台灣反而沒有這麼明顯，在我目前身處的歐洲，同工不同酬的狀況隨處可見。因此考慮到「誰出去可以賺到最多錢」時，不少家庭就很直接地選擇爸爸出門工作。

　　這當然是不公平的狀況，然而要去扭轉整個就業市場也不是一個家庭能做到的。許多家庭在計算了收入、育兒補助、稅金之後，決定只有一個人去上班，這也是很合理的選擇。因為以目前許多已發展國家的育兒政策來說，生三個孩子以上的家庭，可以得到的補助加上減免，還有省下的育兒花費（保母、幼兒園等等），算一算就等於一個人的稅後收入了，某種程度來說也是變相地「鼓勵」父母之一放棄職涯而留在家裡。

　　另一個原因，就是所謂「孩子比較需要媽媽」，特別是在餵母奶的那段時間，父親很難代勞。這點當然有非常多的解決方案，所以說「很難」但絕對不是不可能。我並非很同意這樣以「生理性」得出的理由，但也不可否認多數母親的確是孩子一出生時最直接的主要照顧者。在這裡並不是要提出究竟是誰「應該」照顧孩子，但就以目前現實的情況來說，常常待在家的都是母親。

## 理解自己與家庭，找出最適當安排

　　我不知道其他家庭或媽媽決定待在家帶孩子的原因，但對我而言，我對孩子有種依戀，希望在他們成熟到可以離開家之前，我可以盡所能地多與他們在一起。這個瘋狂的感受，到我女兒已經二十歲且離家讀書的此刻，仍舊如此。這聽起來不是很理智，我也承認自己在面對母職時，無法全然都用左腦理性思考。但我

也徹底接受自己是這樣的。

　　我想這不是因為我是女性，也不是因為任何期望，就很單純地從「我」出發。所以也同樣理解為什麼我的丈夫 Jascha 明明擁有在等著他的德國大公司合約，仍毅然決然在家工作，因為他也和我一樣，希望把時間自由保留給孩子的需求。我們都不怎麼理智，你們真的不需要和我們一樣；然而，我們就是理解自己的狀態，才能真正做出讓自己快樂的選擇。例如有些父母親真的很喜歡出門上班，有些人則是需要與孩子保持一定的距離來讓彼此的關係更融洽，這也是很好的安排。

　　有一些母親特別想證明自己能夠與男人做一樣的事，想證明身為母親對職涯一點都沒有影響。但這樣的期望設定，可能反而讓某些媽媽感覺到更多的壓力。我會建議先不以「性別」來考慮自己的身份和角色，也不要用「應該」或「罪惡感」來思考甚至要求對方，而是先問自己：「你想要怎樣的育兒生活？」好好溝通，來得出你們認為最適當的安排。

## 財務保障帶來的安全感

　　我有許多丈夫出門工作的全職媽媽朋友，在歷程中多多少少都會有那麼些不安全感。雖然法律已經為留在家的這一方提供不少的保障，然而許多女性仍舊會對於「沒有自己的錢」感覺到不

安。這是很正常的。而這點也與性別無關,當我的丈夫在德國攻讀學位的時候,我們家計都由我一人負擔,他同樣也會有不安全感。人都希望能夠有穩妥的財務保障。因此許多的媽媽雖然決定在家帶孩子,仍舊希望自己做些事、賺點錢。

從最基本的不想當「伸手牌」,而能夠決定自己的消費,做讓自己開心的事,為家人提供期望的禮物或旅行,到為了自己的生計保障,能夠有自己的收入,都不會是壞事。

曾經有位媽媽朋友告訴我:「我戶頭裡的數字,讓我感覺到安全,知道我不會因為擔心沒了金錢來源而強迫自己待在一份關係裡。」她的母親就是這樣,雖然婚姻已經味如嚼蠟,甚至偶有家暴,仍舊不敢離開這份關係。一開始說是為了孩子,但當孩子長大後,發現媽媽其實仍舊待在這份讓她不愉快的婚姻裡,只是害怕自己失去現在舒適的生活方式。因此她決心不論如何,都要有屬於自己的收入。

另一位朋友的故事則是更加慘烈。她為了愛遠走他鄉嫁到德國,與德國丈夫生了幾個小孩。一開始是非常令人羨慕的幸福家庭,直到老公外遇且決定與她離婚那刻,她才發現自己的「洗盡鉛華」並沒有得到肯定與保障。她得要重新申請簽證,並且因為孩子要待在德國,她也需要留下。從那刻開始,她才發現自己在當地找工作,語言就是個極大的障礙。沒有流利的德文,連最基本的服務業都沒有人願意錄用她,也無法做業務工作;而她過去

幾年都是以孩子為重，並沒有任何與當地人互動的經驗，要找工作更是困難。還好，最終她找到了中國餐館的生意，先把生活給穩定下來，再慢慢增強自己的能力，現在已經漸漸有自己的一片天地，終於得以安心度日。她告訴我：「如果我當時能夠做一點小小的事情，或者每天花一個小時繼續自我成長，雖然慢但還是不讓自己停止，面對這樣的狀況時也不會這麼手足無措。」

　　寫出這些故事不是要嚇唬人，而是點出現實生活可能會面對到的變化，可以有所準備。如果遇到這類的狀況，千萬別忘了諮詢律師的意見，保障自己的權益。

# 自己和孩子的未來，
# 同樣重要

　　以孩子的年歲來說，最需要父母大量時間的，大概就是前面的十年，特別是前三年。的確育兒很辛苦，屬於勞力密集、時間密集的職業別，不過很殘酷的現實就是，這份「工作」並不會永遠這麼需要你。當我們忘了這樣提醒自己，會有幾個可能的狀況出現：

## 狀況 1：覺得「人生永遠就這樣完蛋了」

　　我說得太驚悚了嗎？其實許多爸媽心裡多少都有這種時刻：「這種日子要過多久？我的人生就葬送在育兒了嗎？」當持續沒睡飽，或者被孩子某個問題弄得很頭痛的時候，真的難免會在內

心呼天搶地一番。我也是。

　　然而好消息是：不會的，大多數的狀況題都會漸漸解除。當然也有一些事的確難解，也的確要用一輩子來面對，但我們終究可以找出對應之道。如果卡在這樣的感受裡，的確會感覺度日如年，那也浪費了我們與孩子共度的時光，不是嗎？

## 狀況 2：忘了同時規劃更遠的未來

　　許多父母因為太忙於眼前的責任，而忘了其實再過幾年孩子可能就會離家。如果說孩子在自己身邊的日子是二十年左右，以現代人大約三十歲生子，活到八十歲來說，其實沒有孩子一直在身邊的日子還更長呢！

　　現在你可能感覺家裡被孩子霸佔，但很快地，只會剩下你與另一半大眼瞪小眼。如果兩人的關係並不好，或自己的狀態不佳，甚至沒有朋友也沒有目標，很容易在孩子獨立之後感覺世界崩毀。我目前要奔五了，身邊有些朋友就已經開始面對這樣的狀態，當忙於家庭時，很容易以為「如果我不需要照顧孩子，生活就可以這樣那樣精彩」，但事實並不是如此。如果經過幾年，已經喪失將自己生活安排好的能力，失去了對生活的好奇與熱情，那麼沒有孩子可忙的日子可不是那麼有趣呢！

　　在陪伴孩子成長的那關鍵幾年，有可能會因此而必須放慢自

己的腳步，但絕對不能讓自己就此腦袋放空甚至放棄。把這段時間當作為自己充電的時刻，閱讀、發掘興趣、學習，等到可加速的下一個階段來臨，就可以延續發展了。

　　為未來打算講的不只是「工作事業」，還包括個人的生活、關係、目標。千萬不要因為身為父母就放棄這些，可以調整比例但不能刪除，擁有生活重心的父母親也會讓孩子們更安心去走自己的路。

## 狀況 3：過度放大眼前的困境

　　帶孩子的日子絕對不輕鬆！我經歷過兩次，非常有感。第一次我窮得要命，還同時創業，當然是火裡來水裡去；另一次則是將近四十歲的年紀在異鄉懷孕生子。從一懷孕，我的身體就非常不舒服，最後一個月還每天都要自己去婦產科診所打鐵劑。更不用說那些嚴重睡眠剝奪的日子，親餵母奶的經歷，育兒的糾結與矛盾，婚姻關係與財務上的多重挑戰，都不是容易的事。

　　我接過很多次新手媽媽姐妹的電話，回過很多次他們的求救訊息。我都跟她們說一樣的話：先好好照顧自己，能多休息就多休息。缺乏睡眠真的很容易讓人抓狂，也特別覺得一切都難以忍受，再加上現在許多家庭裡都只有幾個孩子，每個人都是新手，更是覺得當爸媽好像比攀爬世界第一高峰還要困難。而這些也都

是正常的。

在許多次快撐不下去的時刻，我問自己：「為什麼我的奶奶、外婆可以生養六個、八個，看起來這麼容易？而我卻好像快往生了一樣？」養育子女應該是人類最正常不過的經歷，但從孩子的睡眠、飲食、情緒、哭聲、健康……每件事都好像世紀難題。

當我走過之後，我也發現自己當時真的是過度放大了這些負面的狀態：孩子生個病就好像我很不會照顧小孩，還不能睡過夜、不喝母奶，這也肯定是我哪裡做錯了。但其實，許多挑戰就是一個過程，走過了就過關了。如果當時身邊的人不是給一堆意見，而是對我說：「其實以前我也是這樣，一切都會很好的，你先去好好睡個午覺。」我可能不會覺得自己好像快被爸媽學院二一踢出場，也比較會用平常心去看待這個新生物到地球的起初幾年。

## 每個階段都會讓你更堅強

「只是一個階段」這個觀念，也不只是在孩子身上適用，在我們自己身上也是。我們的人生也同樣在走過「新手父母」的階段，也會面對中年危機，或者更年期，甚至職涯、創業、婚姻，肯定都有不同的階段和狀態。有時候我們可以順利過關，有時候感覺有點挑戰但還是會找出方法，有時候則是會需要承認「我實在做不到」。

　　把一切拉長遠來看，當遇到辛苦點的時候問問自己：「十年後我還會有相同的狀態和感受嗎？我還會介意這件事嗎？」這個思維模式幫助我走過很多挑戰之路。你也會發現，走過這些路之後我們都變得更強大，許多當時困擾我們的事，有時反而成為滋養我們、堅強我們的養分。

　　既然孩子密切需要我們的時間只有那些年，我們也該為自己的未來、自己的人生做安排。我們能夠給予孩子的除了一個安穩幸福的家庭外，在他們成年之後，如果可以不需要擔心我們的健康、生計與人生目標，他們就可以放心去飛，安心去追夢，這也是我們送給孩子們最好的成年禮之一。

# 為自己找到舞台

你是不是偶而有種「我還未完全發揮我的能力與天賦」的感覺呢？這句話肯定是事實。因為絕大多數的人都還未將自己的潛能完全發揮出來，更別說，當我們在人生精華歲月選擇對家人孩子付出時，更壓縮了發展自我的時間與精力。但，這不一定是必然。

我遇過非常多的全職媽媽，把這段時間當作自己醞釀下一階段的蟄伏期。從外面看起來，她們的職涯發展停下來了，但內在並沒有停止成長。她們用這段放下原本工作的日子，學習自己喜歡的東西，研究可能的轉職機會，接觸有興趣的群體，甚至就從這些過程中找到了自己的新天地。

工作上給予的成就感，與養兒育女很不同。養兒育女給我們

的是情感的滿足與幸福感，而工作給予我們的，是對自己能力和努力的認證。我會說，兩者都很重要，而且很難被彼此取代。而且如果要拿其中一種來取代另一種，可能會造成很大的問題。

很多人會對媽媽說：「你也很有成就啊！你的成就就是你的孩子。」這樣的說法聽起來安慰人心，但其實有所偏誤。因為孩子是屬於他自己的，而不是屬於我們的。他們的未來不應該依照我們的規劃前進。而且，並不是多有能力或多努力，就能夠養出怎樣的孩子。他們更不應該是我們人生的成績單，或是讓我們感覺到有自信的原因。親子之間，關係為先，然而很多家庭卻是誤把孩子的表現和生涯選擇當作父母親的成就。如果誤將孩子當作我們的成就，很容易就想要控制和操控，也很難接受錯誤，或接受與期望不符的發展，親子關係也很容易因為這樣的期望而受到影響。

## 找出你有興趣的領域

舞台，也不一定只限定在工作上的發展，也可能是在其他領域的發光發熱。有些人在興趣、宗教、志工團體中扮演重要的角色，或在這段時間培養出自己的興趣。他們未必從這些活動中獲得金錢的回報，但也很有意義。雖然這本書主題是聚焦於在家也能夠有收入的分享，但我也很鼓勵媽媽們能夠有一些不一定與收

入連動在一起的興趣與嗜好，例如運動、藝術、音樂等等主題，甚至參與一些公益與環保的團體，這些都會為你和家庭的生活帶來一些正面的動能。

我的母親自幼成績優異，是非常傑出的女生，一路從嘉義女中，高分進入台灣大學當時第一志願的植物與病蟲害學系（現為植物病理與微生物學系）。畢業後沒幾年，就生下了我，媽媽的世界也因此有了天翻地覆的大改變。她的生活開始以我和妹妹為重心，雖然仍舊有著工作，但沒有想要有太多事業上的發展，只希望兩個孩子健康且優秀。

後來，她離開了原本服務多年的公司，受慧眼識珠的好友之邀，擔任一間基金會的執行長後，她結合了自己對民俗藝術的濃厚興趣，加上工作與當媽多年培養出來的超能力，將基金會的事物打點得有聲有色。之後還乾脆報考民俗藝術研究所，當最老的學生，卻總是成績最好的那一個！她後來還進入大型企業擔任文化副總，安排藝文活動、訪問民俗藝術耆老。我們常笑說，如果她當初沒有當我們的媽媽，而是全神貫注在事業工作上，應該現在也是新聞雜誌上的人物，但她卻覺得自己從未有「事業野心」，而是很感謝自己在身為母親多年之後，有一個舞台可以讓自己發光和學習。

許多事業有成的媽媽，都會被貼上「有野心」的標籤。事實上，每個人都需要知道自己的「有用之處」，想要發揮自己的長

處來為其他人做更多的事，是一種人類世界的珍貴資產。如果因為母職而埋沒了，還真太可惜了。我真心希望看到更多媽媽站上自己選擇的舞台，閃閃發光！

# 錢，
# 是貢獻世界所得到的回饋

　　講到「賺錢」，你會想到什麼呢？是生活必需？還是滿足渴望？

　　你想到「錢」，是想要唉聲嘆氣，還是覺得充實愉快？

　　我非常認同《納瓦爾寶典》（ *The Almanack of Naval Ravikant* ）（中文版舊版書名為《快樂實現自主富有》）提到矽谷傳奇投資人納瓦爾·拉維肯（Naval Ravikant）曾經說過，「金錢」的意義是一種社會信用。當我們的工作對這世界產生了價值，這社會就以金錢為一種方式，來表達回饋與感謝。而也有人說，金錢是一種流動的能量，當我們對別人產生正面的幫助，解決了別人的問題，這宇宙就會以金錢當作一種能量的流動，回饋給我們。無論你喜歡哪一種說法，我希望你都可以感覺到與金

錢和財富的良好關係。因為這會幫助你打開「可能性」的頻道，去搜尋各種可能的方法。

我曾經很輕視金錢，認為如果要追求靈性的成長，就要放下這些世俗的纏累，不要去介意收入有多少，重點是自己的存在對世界有價值，因此我研究所時期在校園團契做服事，完全不介意自己收入有多少。那段單純著眼在奉獻的日子，真的也有著純純的美好。然而當時我將「價值」與「金錢」硬分開來，甚至覺得兩者是互斥的，認為自己若去追求更好的收入就等於太過世俗。

今天，我在這部分的觀念已經有很大的轉變（或者說我長大不少）。

我到今日仍舊持守「價值優先於價格」的觀念，但肯定已經不再認為價值與金錢互斥。反而，我認為它們兩者之間有著共生的關係。當我能夠找到一個提供其他人美好生活的方式，他們會很自然地願意將其以金錢為表示方式，回饋給我。這個心得，是我剛當媽媽而且很缺錢的那段時間，教會我的。

## 重新了解賺錢的意義

當時我真的是拚命想找方法賺錢，從懷孕一路到生孩子，我都希望快點擺脫自己一窮二白的生活。當然，不是所有的方

法都適合我的狀況，畢竟我有個剛出生的嬰兒。那代表我無法在工作需要的時候就隨時出門，代表我無法一直黏在電腦前，代表我必須要配合其他家人的時間來工作。但這個 Burning Desire 在我心裡燒，因此我嘗試過好多不同的方法，翻譯、寫作、編輯……只要能賺點錢的門路，在家帶孩子同時能做的，我都去試試看。當時只想到「我」的需求，對於「我能帶給別人什麼價值？」一點關心都沒有，畢竟自身都難保，我怎麼可能像不是媽媽的時候一樣天真？那段時間，我完全無法去思考「靈性」這件事，畢竟不再是一個人，自己飽全家飽，現在我得要考慮我的寶貝，我想要給她更好的生活，這個渴望非常強烈。

當我終於決定「婚禮顧問」會是我未來想要賺錢的主要方式之後（我的想望），才開始去研究準新人的痛點和困難（別人的需求）。從這過程中慢慢發現，如果我希望賺到錢，必須滿足他們的需求。我越能夠為他們帶來益處與幫助，這過程也就越順暢愉快。

第一次我收到新人捧著紅包給我，並且握著我的手說「真是太感謝你了」的時候，對我來說是個不小的震撼。我一直都覺得要賺人家的錢，很不好意思，但是當我服務的客戶表達他們如此的感謝，謝謝有我的存在讓他們重要的人生大事感覺到很順利與幸福，而且非常恭敬地將款項放在紅包裡給我時，突

然間我對「賺錢」的意義完全改觀了。原來我不需要覺得不好意思，只要我所提供的價值超過所收到的價格，對方並不會覺得被我佔了便宜。當然，還是會遇到「花錢是大爺」的客戶，但如何能夠提高自己的價值以至於不需要服務這樣的客人，那就是另一個很有意思的話題了。

當越明白金錢所代表的意義，也就會減少許多的焦慮。每當我感覺到對自己或公司的財務狀況不太滿意的時候，我就開始動腦想：「我還有哪些部分是可以提供給別人幫助與價值的呢？」多半可以把情況調整一下，或者找到一個新的獲利點。

但很多媽媽可能會想：「我能夠提供什麼價值？我又有哪裡比別人優秀了呢？」接著反而陷入長長的自我懷疑之中。其實，並不需要比人強，而是發掘自己的獨特點。就算是同卵雙胞胎，都有與對方不一樣的獨特之處。例如我之前提到婚禮的創業故事，我就是看到自己無法像其他有資金人脈的同業一樣，租漂亮的辦公室，承辦世紀婚禮，我的獨特之處在於我的出身與目標的客群相同，非常清楚如何與他們和他們的家人朋友互動，知道如何打動他們，所以我就盡力發揮這點就好，不需要去拿「規模」與同業比較（這樣比我肯定輸）。

找出自己的獨特之處（或是在後面的文章中，會提到的superpower）很重要！因為那是我們非常順勢就可以做的出類拔萃之處。最不希望的就是花費了時間精力，卻怎樣做都比別

人慢，比別人辛苦。因此認識自己的長處並且知道怎麼發揮它，是非常重要的。也因此，我特別花一大篇內容來分享如何找到它以及運用它。

## 回饋社會，豐富「好人圈」

在賺到了生活必需的金錢之後，行有餘力去幫助更多人，又讓我們為世界帶來更多的價值。我們賺取金錢或產生商業活動中所繳的稅金，讓國家可以去造橋鋪路，在各個重要的領域讓我們的生活環境更安全也更好；我們繳交的勞健保，除了自己與家人得以得到保障，也協助有需要的人得到全民的醫療與社會保險服務。更別說，我們可能提供就業機會，活絡市場，還能夠捐助物資或金錢給所選擇的機關團體，幫助社會。

好友對我說：「好人必須賺錢！」所以她總是會在消費的時候，認真去看這些品牌與創辦人是否是正向、環保、助人的。「既然都要消費，就把錢給會讓地球成為更好地方的人吧！」有這樣想法的人也越來越多了。因此我們也自成一個生態系，不只是提供產品與服務給客戶，還能支援彼此。我很喜歡和有相同信念的人一起合作，更喜歡幫他們賺錢。有許多客戶和廠商也是因為我們公司環保與公益的理念而與我們合作，在消費的同時，也幫助地球成為人類更美好的居所。

　　我很喜歡的一個世界名廚何塞・安德烈斯（José Andrés）就是把他的熱情和專業發揮到極致，在事業上與公益上都做得相當出色的人。他從一個來自西班牙到美國創天下的年輕小廚師，逐步發揮在廚藝上與人際上的優勢，餐廳一間一間地開，到現在由他創辦主持的餐廳在全球已經超過三十間。他也做食品貿易、出書、出美食影集，還擔任美國政府的顧問。

　　當然，他擁有財富自由，也為全世界許多人提供美食與美好的生活，創造了許多工作機會。然而，他沒有在這裡停止。卡崔娜颶風後，他看見許多人於天災後的生活陷入困難，連三餐都成問題，但他沒有等著別人去解決這個問題，而是馬上組成當地的臨時廚房，與當地廚師和志工們合作，為災民們挨家挨戶送餐食與飲水。他發現，他只是發揮自己的專業與特長：快速組織資源、建構廚房和煮飯，就可以讓這麼多人的生活改善。因此，他的「世界中央廚房」（World Central Kitchen）也就開始出現在所有發生天災、戰爭的地方。他們研究出能夠最快搭建臨時廚房的標準流程，統整出各種不同狀況下的人們需要什麼類型的食物，如何快速在地化整合資源與運輸。

　　他們的工作在疫情間更是重要。他們將無法開業的餐廳改成臨時公共廚房，送餐給醫院與無法出門的人們。我就是在那時知道了何塞・安德烈斯與世界中央廚房的善舉，在當時正開始「MiVida就是生活」這個新的西班牙食品貿易品牌的時候，

決定將我們獲利的 1% 穩定捐給他們。我希望他們的善行能夠繼續下去,而且得到更多的支持與資源,進而用食物的力量改變世界。

這就是我說的:金錢所產生的價值與回饋。我們用這樣的角度看賺錢這件事,就不會感覺到自己貪婪或自私,反而時常祈禱上天讓我賺更多的錢(笑),因為我知道自己肯定會把這些錢,回饋到給予我們這麼多的社會與地球。你也有這樣的想法嗎?如果也是,那可以從支持你認同的企業或團體開始,同時也慢慢鼓勵自己成為這樣值得支持的人,我相信,「好人圈」肯定會越來越豐盛的。

將熱愛變事業：
挖掘 superpower，
找到舞台

　　有許多的在家全職媽媽都有強烈動機，但就是苦苦找不到自己可以發揮之處。我們往往被自己的過去、身邊他人的意見，和社會的傳統與現狀所限制，因而以為自己無所選擇，只能夠「熬」過這段時間才能有所發展。其實，不是這樣的。

　　我們常覺得有些事情的發生，是讓我們「脫離」人生原本的軌道，總想著有一天，會再次重回軌道繼續運行。然而，許多事情的發生就「正是」在人生的軌道上，我們以為的脫軌，其實正是必須走過的道路。從降臨在身上的事去找出上天所給予的「線索」，往往可以發現許多新的可能性。

　　就如同成為母親，決定在家當全職媽媽幾年，或者因為什麼緣故必須留在家裡，可能對許多的女性來說，可以看作是人生暫時的「脫軌」，過幾年自己就又要「回歸正軌」。然而，若是把這段經歷當作要成就「未來自己」的必經過程，或許更能從這些熬煮醞釀之中體會到快樂，以及放寬心去迎接這段時間所帶來的一切新事物。

　　如果我沒有意外成為母親，我不會開始創業，也不會因創業而認識許多維持至今數十年的好朋友，又在其他的事業上一起合作，在生活上一起扶持。如果我沒有搬到歐洲，也不會有時間寫作，更不可能現正在西班牙陽光之下敲鍵盤寫下這第七本書。許多的經歷，我們不是在一開始就能明瞭它們對未來的意義，然而如果持續在這條路上感謝迎接，那麼很有可能這段「脫軌」的時

期，是為了成就我們更精彩的舞台而必須走過的道路呢！

回首過去五年，你經歷了些什麼呢？從這之中，讓你與五年前的自己有什麼不同？你是否更認識了自己，擁有了新的能力，建立了新的關係？或者讓你用不同的角度去看舊有的一切？這些，都可能是造就你新舞台的一塊塊寶貴磚頭。

最近一位媽媽朋友 Ann 開始思考「孩子上學了我要做些什麼」，我們開始聊著她的過去工作、職場經歷與能力，她感覺到自己就是提不起勁也沒有信心。我說：「或許我們先丟掉過去，想想你現在想做的事吧！」她說，自己其實對原本工作的金融領域完全沒有興趣，只是因為大學就讀的科系就是會計系，很自然第一份工作就是進入事務所，接著再到金融業，雖然她一直都表現突出但就是沒有熱情。她表示：「當初決定做全職媽媽，說是為了孩子，其實我是真的很希望暫時從金融業休息一下！」所以，一想到又要回歸職場，她的胃感覺翻攪，舊日的倦怠感突然又來襲。

我說：「上天讓你有機會停下來，現在也讓你有第二次進入職場的機會，或許就做些你真的喜愛的事吧！」我問她，這些年有沒有哪些領域讓她特別喜歡，是那種沒有賺錢也覺得很有意思的事？她側著頭想了想說：「因為孩子，我開始做手作，他們很喜歡，我也很愉快。每次做手工藝，特別是針織玩偶或玩偶的衣服，我總是會廢寢忘食，我喜歡把腦袋裡面的畫面，透過我的手

創作出來的過程。」她臉上的憂愁不見了，開始想著或許可以從這出發，教學校孩子們做手作，原本就有一些孩子下課時常到他們家玩，也會一起做些東西，寫寫功課。或許，她可以有一個小小的安親才藝空間呢！

　　人生的舞台，並不等同於我們過去就讀的科系，或者第一份的工作。我們會害怕：「興趣能賺到錢嗎？」但事實上，許多成功的創業故事都告訴我們，很多人已經把自己的興趣變成一門好生意。原本要解決孩子睡眠問題的媽媽，成為嬰幼兒睡眠顧問；原本喜歡抽空研究投資理財的媽媽，不只自己投資還開課教學；為了了解小孩而去研究人類圖的媽媽，現在為不同的家庭解圖，幫助他們更認識自己的孩子，擁有更順暢的家庭溝通。人生有許多事情並不會照著我們原本設定的劇本走，但最終，若在這過程中找出了自己最順勢能發揮之處，都有可能成為新舞台。

　　或許把這段時間，當作上天給我們的心靈長假。身體可能疲累，時間可能繞著孩子團團轉，但終究我們有一個機會可以重新選擇。放下學生時代因為生涯規劃而選擇的學校科系，放下對自己舊有的框架，我們都可以從一個決定，開啟一個未來。

　　而重要的是，當我們有一個機會重啟新未來，就要做自己真正擅長也喜歡的事吧！你有沒有過，感覺自己在某件事情上就是特別有熱情，就是特別容易上手，特別做得好呢？這件事，後來有沒有機會好好發揮呢？

這些年，我很常聊到「superpower」這個主題，因為隨著幫助的諮詢學員越來越多，我發現能夠掌握自己長處去發揮的人，周遭根本沒發覺到他們在工作，而是感覺他們每天都在享樂！他們樂在做自己喜歡的事，遇到困難也當作是個「學習關卡」一樣去破關，時時有動力也滿懷喜樂，當然也更容易成功。

過去我以為這是一種「人格特質」，但後來我從自己的經驗和這些學員身上看到，我們也都有自己不擅長與不喜歡的事，如果要我們重複做這些事，一輩子做這些事，我們也絕對不會感覺到豐富和喜悅。

我的確是很幸運。在很年輕的時候就一直在自己比較擅長的領域被老師和爸媽培育著，也因此到了成年時候已經很清楚自己可以在哪種產業或位置上發揮。我的母親從未要求我在我沒興趣也不擅長的運動或數學上「高人一等」，反而在我喜歡的藝術和語言文字方面，給我很多的養分。就算再忙，我的生活中仍舊有寫作、繪畫、音樂，擁有很精彩的社團活動和人際互動，到了現在我仍舊用這樣的組成過生活，清楚自己的 superpower，的確帶給我人生許多的快樂與順暢。

長大後認識越來越多人，甚至後來踏入生涯諮詢後，才知道我能這樣成長真是非常幸運。因為有許多人一直在自己不擅長也不喜歡的領域被磨練，而且還會因為「這個科系比較有出路」而被要求進入非常無感甚至感覺痛苦的專業，一投身就是幾十年。

上一代或許對這樣的委屈求全沒有太強烈的感覺，但到了新的世代，越來越多的人發覺到這樣地辛苦過活實在很無謂。

而這本書中介紹的許多媽媽，在成為母親之前也做著自己沒有那麼喜歡的工作，反倒因為有了第二次職涯選擇的機會而開始做自己喜歡的事。我也更認知到，幫助人發掘深埋的 superpower 是多麼有價值的美事！畢竟人生如此珍貴，我很相信發揮天賦，滿足內在的渴望且藉此回饋社會，過著每天早晨開始工作就感覺充滿動能與快樂的日子，絕對是我們最重要的生涯任務之一。

因此在本章裡，我會分享什麼是 superpower，superpower 有哪些特質，可以從哪些地方發現它們，為什麼會找不到，和要如何運用它們。希望幫助你更認識自己，並且有信心知道專注在自己喜歡的事情上絕對不是浪費時間，而且絕對可以找到支點，發光發熱。

# 什麼是 superpower?

「每個人都是天才。但如果你用爬樹的能力評斷一條魚，牠將終其一生覺得自己是個笨蛋。」物理學家愛因斯坦曾這樣表示。

請仔細想想看：你是否有些事情從小就輕輕鬆鬆做得比別人好呢？

例如：很快可以解數學題、很會玩遊戲、很能同理別人或解決衝突、特別有藝術或創作的天分等等。而且通常很容易入迷，甚至讓你的爸媽感覺有點受不了（例如你就是無法停止玩樂高。好吧！我就是在說我）。

通常，這些都是你的 superpower 小小展現。

知道自己的 superpower 有什麼好處？

## 覺察自身的特質

第一，就是快樂。你能夠知道自己不需要在「所有地方」都比人強才是厲害。你不會拿自己爬樹的能力去和青蛙比，不會看高或貶低自己或別人。這點，就可以讓人感覺到快樂許多。很多人時常看著自己不夠的地方，當然心情不好，也很容易見別人就眼紅，或者嫉妒甚至恨。然而如果你知道，上天給予每個人不同的天賦，也給予不同的人生道路去發揮，那麼你會著眼在自己和別人「正面」的地方，原本就已經很棒的特質，自然看世界的視角就不一樣。

想要「補破網」的人，和想要「找尋機會」的人，快樂的程度是不同的。一個一直看見缺陷，一個一直看見可能性。散發出正面能量的人，更容易讓人願意與他合作，也更容易跳出框架看見不同的解套方案。看到自己 superpower 的人，也容易看見別人的 superpower，讓彼此合作得既順暢又愉快。

第二，不再勉強。我們不再會強迫自己於自己不擅長也不喜歡的地方硬要有所表現。當清楚了自己的 superpower，自然就會去找尋可以發揮之處，不會偏執地在讓自己痛苦又沒有成績的地方猛撞牆。我有好幾次在個人諮詢時段裡，看見學員「啊哈」之後舒坦的神情。他們原本固執地想要弄出成績的地方，原來是他們最需要外包或找人合作之處啊！原來，成長不需要

這樣硬拗自己，而是明白自己想往哪個方向去，集結所有的資源去完成它就好，成事不必在己。

在傳統的觀念裡，孩子每一科都要強，而且得有苦才能得到成績。事實上，我們看見許多真正成功的人，他們並不感覺到自己是在為了「成功」而努力，他們只是很單純地做著自己喜歡的事，在這中間不斷堅持，並且尋找資源來補足自己不想做或做不好的事。他們看起來在玩樂，享受其中，但其實他們也在往前進。這才是真正發揮天賦的人生。就算過程會有點辛苦，但不感覺痛苦，而是痛快！如果我們前半生已經是辛苦過著，現在能夠有第二次選擇，是不是可以把握這個機會，把自己一直都喜歡也擅長的事情磨亮磨光呢？

第三，當然就是更容易成功。所謂 superpower 就是你與生俱來，或者從很年輕時候就具備的「特質」。這邊我特意不用「能力」這個詞，因為很多人想到「能力」，就會自動和一些工作上的技能連結在一起，這兩者是不同的。這些技能是可以學習的，通常在一年之內，有心的人都可以掌握基本的程度，例如寫程式、彈鋼琴、運動，甚至寫作技巧等等，只要放心思去學習都能有一個不錯的開始。但「特質」不是很輕易學會的。

特質，也可以說是天生的氣質，是你擺脫不掉，別人也學不會的東西。我有一個好朋友小竺天生就是靠嘴巴吃飯，他很能演講主持，很能唱歌，他時常用自己的舌粲蓮花讓客戶廠商

很開心，氣氛總是很好，也能夠鞭辟入裡地表達出別人很難言傳的內容。我在主持他婚禮的時候，覺得這新郎的致詞也太讚了，便決定婚禮結束後私下告訴他：「你想不想來我公司學婚禮主持？」而他來了！接著，在我參與的演講場次，我也開始邀請他做主持人，他越來越上手，炙手可熱。現在，他甚至開班授課成為「表達力教練」。

如果你把人生的目標放在「像小竺一樣妙語橫生」，我可以說真的很不容易（幾乎不可能），除非口才也是你的superpower。而小竺如果想要去學習程式語言，自己架網站，他也會覺得自己好像哪裡有問題，就是比人慢。當你覺得自己的發展總是受限，通常都是沒有弄清楚自己的 superpower，把自己放錯舞台或戰場了！

我喜歡想點子，把想像中的商業模式或架構變成現實，這二十年來我重複做這件事。因為實在太喜歡，我常在散步的時候也想到點子，洗澡的時候也是，甚至和人聊天就開始做串聯。把我放在從零到一的這個階段是最適合的了！但是我很不喜歡處理營運或細節，重複性的東西對我一點吸引力都沒有。因此我做自己擅長的開創，Jascha 和我的妹妹 Joyce 做他們擅長的管理與營運，這樣的安排讓我們都可以做得很輕鬆愉快，公司也更容易成功。

因此，知道自己的 superpower 相當重要，特別是已經進入

中年的我們，已經沒有多少個十年可以「錯置」。在本書中，你會看到許多把自己的 superpower 發揮到極致的姐姐妹妹，在描述這些故事時，我也會將從她們身上看見的 superpower 寫下。你可以觀察、也可以比對，或許就更明白自己的 superpower 可以發揮到什麼樣的領域，有可能做到怎樣的事。

首先，我就來說說我的故事。

## 探索自我的 superpower

我從小就是孩子王。不管到哪裡去，我可能不一定是表現最好的，但總是號召大家做一些瘋狂有趣的事。我很喜歡組織活動，分配工作。國中跑去女童軍團，不小心成為聯隊長，十四、十五歲就舉辦好幾次百人野外露營活動，安排公車和露營地、清點器材、製作活動手冊、安排大地遊戲和野外訓練課程等等。當然，同時還得要把功課顧得很好。我後來回想起來，總覺得我們的團長和學長姐實在對我們太有信心，把很多重責大任交在我們手上（例如自己打電話去公車處租公車，或預訂營地之類），但我記得自己感覺駕輕就熟。說實在，回家面對媽媽還比我籌辦百人活動來得讓我緊張。

高中也是和好同學創辦社團，組織課程和活動；到大學則身兼幾個社團的成員，到團契也成為重要幹部。我對這類的事

情總是樂此不疲，而且是能夠輕鬆地做得不錯，每到一個社團，總是能把人數翻倍，或者創一些當時的紀錄。事實上這些事我都走過就忘了，並沒有玩一輩子，代表我其實不是執著於童軍、社團或團契本身，而是我特別喜歡也擅長組織的建構和運作，且大家也覺得有我當「頭」的時候，事情就特別有趣。我也喜歡串聯各種不同資源，將自己在 A 地認識的朋友介紹給 B 地的夥伴。一路也就這樣玩到創業，這麼多的事業也大致都在做同樣的事：找到一群志同道合的好夥伴，分工合作一起把有趣的事情做得很傑出。

我也特別喜歡把「前輩」們做過的事情重新檢視，用新的方法來運作。我雖然會先乖乖照著之前的規矩來讓自己快速學習，但等到大致掌握了基本原則後，就非常不喜歡照著已經用過的方式來重複做，就算同樣要辦一場活動，也想要找出新的元素才行。這種「回到原點，重新定義」的思考與行事模式，也一直在不同領域重複著。

這些特質看起來好像很明顯，但我一直到四十歲，才有了「啊哈」的時刻。之前雖然一直重複做這些事，也得到不少成就感，完成不少事，但我從未把這些事件連結在一起看，原來自己的天賦和興趣就是這些！

我希望你能找時間寫下你從小是個怎樣的孩子，喜歡做些什麼，有哪些很偏執的地方。甚至我很希望能和你聊聊這個孩

子，告訴我關於他的一些有趣故事。我很喜歡聽這些可愛的點滴，通常在人分享這些過去的時候，眼神總會回到那時的天真與熱情。我希望，你能讓這個孩子重新享受生活的美好，重新體驗探索世界的興奮心情。

## 順著天賦做事，一切風生水起

　　雖然我看起來很早就開始運用自己的 superpower，但是我也有忘記它的時候。回顧這二十年創業育兒的歷程，竟然發現如果我順著天賦做事，一切就風生水起，但當我遺忘了它，想要用別人的方式套在自己身上的時候，就處處受限。

　　「在家創業」的這種方式，在二十年前是個「異類」，也不容易。但隨著網路的興起，越來越多人希望走向工作時間和地點自由的生活方式，我的工作方式竟然成為顯學，從一個處處被質疑的全職媽媽，到滿滿的演講邀約、出書分享在家創業的心得，這過程回想起來都讓我起雞皮疙瘩。我看到這些是許多家庭和媽媽們的渴望，我也希望在我本業之餘能夠幫助他們更多，「HomeCEO 居家創業者支援平台」和「HomeCEO 我在家我創業」臉書社團也因此成立。從小我就喜歡默默一個人做樂高，創業也是，我總是默默自己盤算和努力，沒想到能獲得這麼多人的回饋！

　　我也漸漸發現，自己在文字和語言上的訓練與天分，可以讓我相對輕鬆地表達，無論是用寫書、演講或個人諮詢的方式，都運用到了這些能力。「好像與人的溝通交流是我的superpower 呢！」我慢慢開始有了這樣的認知，並且謙遜地接受這份宇宙給予我的任務。

　　但我不喜歡當老師，所以每次去演講場合都特別要求大家不要稱呼我「老師」，我只是與大家一同在學習的「同學」，或許只能說是「學姐」。但我很喜歡分享故事，分享我自己走過的路，也分享許多我認識的好朋友們走過的路。因此我說，我的書都是「故事書」，就希望大家能從這些故事中找到自己的力量，或許只是知道自己並不孤單。

　　我的創業歷程第一個十年都很順遂，不管哪方面的發展，都好像順水推舟般，每一個部分都能很快就有成績，每兩、三年都能達到一個新的目標。

　　而陪著孩子成長的決定，也讓我和女兒的關係非常緊密，女兒的快樂和成熟也時常讓我感覺到滿足而驕傲。搬到德國後，生了兒子，日子雖然不能說輕鬆，但也算順利。我開始寫書，很幸運地從第一本就賣得還不錯，之後年年都有出版社主動邀請的書約。

　　事業穩定、家庭幸福，還出了多本書。我以為，這大概就是美好終局了。

## 卡關後重新開始，挑戰新階段

2019 年，我們一家為了追太陽而搬到西班牙瓦倫西亞。2020 年，我們就在 COVID-19 疫情開始同時，開啟了「MiVida 就是生活」這個新的品牌和事業線，進口西班牙的食品食材到台灣和亞洲地區。

然而，這對我來說，是個全新的領域。我是做服務業起家，一直都從事「沒有實體產品」的生意。當時我很天真地覺得：事業的邏輯都一樣吧！實際運作下去，才知道「隔行如隔山」，實在有很多需要學習的。我們完全不懂進出口貿易，完全不懂食品業，完全沒有背景和人脈，就這樣，有個「憨膽」就開始了。這故事是不是非常熟悉呢？

一開始，一切都很順利。

初生之犢不畏虎，在決定要經營西班牙的食品食材貿易後，我們主動接觸好幾個私心很喜歡的品牌，很快地，陸續有好幾個西班牙的百年品牌願意將台灣市場交在我們手上。從 2020 年到 2021 年，我處在自我肯定的高峰，合約一個個簽訂，機會一直來，甚至有點飄飄然。當時我完全沒感覺自己在工作，而是覺得一切都如此有趣（通常這也就是善用自己 superpower 時的感受），一切的發展十分順暢。

然而，正因為順風順水加上不再是自己一人決策，我反而

開始迷失在「大家都怎麼做」和「放大營業額」的期望裡，忘了去看見這兩個期望正是我過去多年努力打破的職涯思維。過往，我就是因為放下其他人都怎麼做的框架和一直把事業做大的誘惑，才得以維持著理想的生活方式。我忽略了聽從自己的直覺，也忘記了獨特的 superpower 在哪裡，一心想要學著前輩們把產品線做廣，把量擴大，卻忘了我與他們之間的條件有著天壤之別，我擅長之處並不是大量鋪貨。

想當然耳，這樣和自己的天賦反著做，在 2022 年年底就卡關了。直到這個時刻之前，我從未感覺過創業是「困難」的，但當時營收、現金流、業務發展都遇到挑戰，每一項都考驗著我的管理能力。當時我第一次感覺自己可能也會面對創業失敗，內心開始產生許多聲音：「你大概不適合做實體產品」、「早就有人告訴你啦！你人在歐洲，台灣的事業很難管理的」、「放棄吧！反正也不是只有這件事可以做」。想到這些，工作就覺得焦慮。也因此，我重拾了很久沒做的冥想和祈禱，大量與自己對話。

一次在冥想的時間裡，我看見了一個畫面：我如同現實生活中一樣被親愛的家人圍繞著，但不同的是，畫面中的我站上舞台，重拾麥克風，分享一個個如何讓生活和事業共榮共融的故事。「啊哈！」我告訴自己，我的人生在寫故事之餘，也一直都在分享自己與他人的故事，這些故事讓我感覺到有力量，

同樣也激勵了別人。我好像被敲了一記腦袋！「好好寫故事／說故事」，這不就是宇宙一直要我做的嗎？

我的確熱愛我所做的事情，每一件都是。雖然它們都是分處不同的領域，但都一個個將我的事業拼圖拼湊得更完整。而且相同的是，我一直都在破除「傳統」和「框架」，用我獨特的方式走出一條路，重新定義別人已經重複在運作的事。

對我來說，MiVida 不是一個食品貿易業，而是透過這些產品，分享我所愛的生活與飲食，也分享我心所嚮往這些家族企業品牌的傳承故事。「說出溫暖人心的故事」貫穿了我所有的事業，從婚禮、創業講師、寫書、育兒分享到食品貿易，這些看似沒有關連的事業體，全都圍繞著我與我想說的故事，和我希望見證他人所創造的人生故事。

而我，應該聽從這個聲音。

每一天在早晨的冥想中，我提醒自己先確定好內心的想望，再開始工作。要面對世界之前，先面對自己。就這樣，從 2023 年初起，一路收到宇宙無數的驚喜，還有從創業以來最大筆的訂單，苦苦發展三年都打不進去的通路主動上門。我們的核心團隊精簡，但卻用更少的人數翻倍了營業額。如今，我經常感謝有當時的卡關，讓我釐清了自己的核心價值，得以重新用適合發揮自己 superpower 的方式走下去。

這個經歷給予我一個極大的省思：許多的我們，特別是女

性，常因為看不見或忘了保護好自己的 superpower ，而順從著其他人期望的目標或方式努力前進，這真是太可惜的事。這讓我們成為一隻用盡力氣學爬樹的青蛙，覺得自己很沒用，懷疑自己的能力，但其實我們只需要跳進水裡，就無人能敵，而且快樂自在。

我頓悟之後，內心突然充滿了想要保護這些 superpower 的渴望！

## 藍月計畫，點燃你的 superpower

2023 年 9 月，在一個藍月高掛天空的夜晚，我終於做了一個決定：開始提供個人諮詢服務。

從婚禮顧問到西班牙食品貿易商，我的本業一直都很忙，同時幾乎每年都出一本書且持續七年，加上我還是維持原始的堅持：陪伴孩子是第一要務，因此我的工作時間一週就是五天，週末不工作，一天也只有工作大約五個小時。因此，雖然個人諮詢的邀約一直都有，但我總是不敢承諾。偶而私下為朋友提供單次諮詢的服務，但要擴大到長期諮詢，我很怕自己無法做到。

但在那個晚上，我看著西班牙湛藍天空中明亮的藍月，內心有個很強烈聲音說：「宇宙請用我。」想起前幾天找我諮詢的朋友，她說：「你真該提供更多的個人諮詢，很多人會非常

需要。」好，我收到了宇宙的這個訊息。就讓我們開始吧！

睡前，我隨手在我的臉書粉絲專頁打出了這段心情，就安然去睡覺了。隔天早晨起來，我的信箱被一個個美麗的故事填滿，都是來詢問藍月計畫的讀者。我驚訝到說不出話，趕緊花了一個早上把簡章做出來，告訴自己「想到什麼就寫下來」，沒有過多修辭或任何行銷字眼，我將這份文件回覆給所有來信者。

一個、兩個、三個，我在第一週就收到了十位長期諮詢的學員，她們有手工皂教室的創辦人、房地產諮詢師、飲食心理師、軟裝師、整理師……，各行各業，而且都是媽媽。我發現原來自己過去寫的文章和書，講過的講座與分享，都早就讓她們開始了自己的事業，並且許多人已經有非常好的成績，她們十分地認識與信任我。這真是宇宙給我最美好的擁抱。

她們希望能夠進一步將事業和生活打造成自己想要的模樣，而這也是我在面對之前的新挑戰時，體會和學習到的。原來，我的每一個挑戰與學習，都能成為其他人的養分。

在我的筆電鍵盤旁邊，貼著一張 note，寫著：「Support！Help！Devote！我可以為你做什麼？What can I do for you？How can I help？」每一次掀開筆電螢幕開啟諮詢時段之前，我都會靜心幾分鐘，為這個時段和我的諮詢對象祝福。這就是當我們理解了自己的 superpower，並且聽從己心去好好運用它，所會發生的美好。我在這些時段中，認真於發掘每一個人的原

始設定，特別是可以為別人帶來價值之處。我感到十分榮幸與
謙卑地看見，她們在幾個月時間內就能創造的，遠大於我一開
始的想像。

這，就是 superpower 的力量。

在藍月計畫的學員裡，有許多已經開始自己事業的優秀女
性。她們在別人眼中已經是很成功的創業者，擁有個人品牌甚
至自己的企業，然而總覺得「我沒有過著自己想要的生活」或
「我的事業還可以更像我喜歡的模樣」。

在諮詢的時間裡，我時常問她們「為什麼」。不只是為什
麼要做，還包括為什麼要「這樣」做。因為許多女生從小實在
太容易聽各種的建議，特別對權威有種服從性，只要一遇到挑
戰，就想要去問專家前輩，然後乖乖照著做，卻很少思考「這
是我的特長嗎？」、「我發揮了我的獨特之處嗎？」。我一向
認為創業無法教，因為如果我們都和別人一模模一樣樣，同一
種策略，同一項方式，那還叫做「創」嗎？我時常感覺自己是
在「煽風點火」的那個人，但火苗其實是屬於對方的。她內在
原本就有可以星火燎原的火種，卻一直被撲滅，而我只需要看
見火苗，並且和她一起找到順風處，自然就可以燃起熊熊烈火。

你呢？你曾經想過屬於你的 superpower 是什麼嗎？

哪些事你做得又輕鬆又好？哪些事你感覺自己天生就該吃
這行飯，樂此不疲？有時候我們自己不一定清楚，但肯定可以

從一些蛛絲馬跡中找出線索，或者也能與真正認識你、看出你價值的人聊聊，我們身邊都應該要有幾個這樣的人。我真心希望這世界上更多人知道自己的 superpower，那個可以用來讓更多人獲得幫助的力量。而當你為更多人提供價值的時候，自然地在一段時間之後，宇宙也會將它以金錢與財富作為「代幣」，回饋給你！

# 如何找到自己的 superpower ？

　　許多人會以為自己的 superpower 非常難尋，但其實它一直存在，而且很難擺脫，只是我們很少給它很好的發揮空間。這就是 superpower 特別之處，它不需要找尋，不需要硬逼著自己去學習，它甚至可能是別人很受不了你的部分，或者你的父母和配偶特別常抱怨的那些事。但是，用在對的地方，它就變成「水到渠成」的神奇力量。

## 運用得宜，成效更好

　　很難懂嗎？我就舉個很貼近生活的例子。我的丈夫 Jascha 天性非常謹慎，只要他出現在孩子學校或遊戲場，媽媽們都告

訴我：「我們現在可以放鬆了！因為 Jascha 在。」他絕對會瞻前顧後，看著旁邊有沒有奇怪的人，有沒有危險，如果到了密閉空間例如電影院，他也一定會先看逃生出入口在哪裡。我們去到任何派對，他很常被當成是現場工作人員，因為他總是四處觀望和觀察（當然也常常被問廁所在哪裡，奇妙的是他多半時候還真的答得出來）。

然而，他卻常常被自己這個特質給弄得很煩。他常說，多希望自己可以放鬆點，不要這麼緊張。做公司的決定時，他總是得要看完合約每一個字（包括備註小字）還寫下一整頁的問題，這樣當然是很花時間又很傷神。有時候，這個特質也會讓個性果決的我生氣：「怎麼可以這麼多『思量』？做事情乾脆一點啊！」有時我心裡真的是會這樣大吼。

但這些年我們非常專注在發掘自己的 superpower 後，有了很大的轉變。我們開始「借重」彼此的 superpower：一開始的接觸，交給衝動、憑感覺的我，這樣可以很快地篩選適合我們風格的選項；接著到了做最後決定時，就交給他，他可以把所有該思考的細節都想過一遍，做出對我們最好的決定。合約當然要看，但是我們就知道到了他那邊就是最後一關，因此團隊倚重他做出最後的確認，確保一切細節無誤。他那讓人討厭的「仔細謹慎」變成了他最重要的功用，我腦中的大吼也消失了，轉而思考「我們可以如何配合」。我可以不需要瞻前顧後擔心

細節，因為有他負責；他也不需要強迫自己快點下決策，因為有我來做初步快篩，他可以好整以暇地做最後的確認。不只是彼此工作上更順暢，大家都做自己喜歡的部分，心情也愉快許多，更神奇的是，連我們夫妻的關係都變得更甜蜜了！

　　而我們可以從哪裡找出自己的 superpower 呢？以下簡單的練習，可以幫助你開始動動腦。

## 練習 1：寫下 10 個「可能」的 superpower

　　請記得不要給自己任何評判，例如：「你這件事哪有做得比人好」、「這也算是個 superpower 嗎？」、「這不是人人都會嗎？」這類的評語。想像自己是個小學生，而你現在是一位很有愛的老師，單純在筆記本寫下這個孩子特別喜歡或能做的事。

　　我們或許都有感覺這張清單上會有什麼，但寫下來後，會產生特別的力量喔！

## 練習 2：請 10 位親友各提出 3 個你的正面特質與能力

　　這 10 位可能是你的父母、手足、配偶、同事、好朋友或老同學，甚至你的孩子（如果他們夠大的話），是你覺得對你有一段時間的認識，而且你對他們有信任感、安全感的對象。如

果覺得有點害羞，就說你正在做一項功課，請他們協助你完成
這張清單。

　　很多時候我們傾向認為別人眼中的自己，比他們真實眼中
的我們來得負面。因此，這也可能是很棒的機會，讓你們可以
有更深層的交流呢！

## 對照兩張清單，有什麼發現呢

　　現在，你已經有了 40 個可能的 superpower ！

　　有哪些項目是共有的？有哪些是其他人認為你有，而你卻
不知道的？有哪些又是只有你知道，這世界卻還不知道？

　　建議你可以好好保存這些清單，特別是有時感覺低潮時，
可以拿出來看一看。通常，我們最終體認到的 superpower 就在
其中，而我們有可能長期埋葬或忽視了它們。

　　這些年我也發現，有許多非常優秀的人看起來時常被讚美
圍繞，但是要他們寫下自己的 superpower 卻是非常困難的事。
因為人往往傾向先看到自己不足的地方，花很大的力氣去加強
它們，卻極少專注在自己擅長或喜歡的項目上。而他們做了這
個功課之後，對他們的幫助也很大，因為他們發現再也不需要
用「努力向上」來得到外在的肯定，原來自己早已經擁有這麼
多「寶藏」啊！

如果你還是覺得 superpower 是個很模糊的概念，以下就分享 superpower 的四種特質，也提供你一些小練習，讓你更精準地找出它們。

## 特質 1：從年輕時就有明顯表現

通常這些特殊的能力，在孩子時期就很明顯了，特別是還沒有被其他外力介入（例如學校）之前特別顯著。有些孩子特別愛當孩子王，有些特別安靜；有些喜歡繪畫和創作，有些喜歡肢體的活動；有些喜歡把東西分類，規規矩矩，有些喜歡探險，破除框架。

如果你仔細觀察每個孩子，他們都有著自己的特質。有時候我們很快地歸類那是像爸爸還是像媽媽，事實上許多孩子誰都不像，就像他自己。我常覺得，父母最重要的角色除了照顧孩子平安健康外，最重要的就是去觀察發掘這個 superpower 並且保護它，幫助孩子找到發揮的方式，也幫助孩子明白自己可能會遇到的誤區，並且知道如何應對它。

比較遺憾的就是，現在的教育系統強調「從眾」，希望每個人都能有同樣的能力，做同樣的那些事。有些孩子很幸運，他們的 superpower 讓他們能順利掌握文字語言和左腦思考；然而有些孩子的特質或許需要親身探索，常弄得一身髒或一身傷，

什麼都要碰碰看，這樣的孩子就容易被貼上「不乖」或「不會讀書」的標籤。

　　例如我的女兒，在台灣的時候時，常因為上課到一半「有感而發」而被老師處罰（也就是跟老師搶話）；但是到了德國的中學，老師卻告訴我：「她需要多在上課的時候發言，打斷我也沒關係啊！只要學習如何有禮貌地打斷就好，她的想法時常很有意思呢！」她得到老師的綠燈指示之後，整個語言表達大爆發！後來時常成為班上口頭報告的代表，也因此只要有「面試」要求的考試或工作，她都無往不利。

　　自從她知道如何「使用」自己這個特長之後，也就有意識地花更多時間在這方面的練習。她上英國文學課程來掌握更精深的語言能力，實習時到德國漢堡的職業籃球隊擔任公關和活動人員，大學也申請進心理系來研究與人之間的溝通。她的數學實在不太好，但是 all pass 便無妨。因為這世界上數學好的人太多了，每個人發揮自己的 superpower，許多事還是能順利完成。我相信，未來如果她可以選擇發揮這個特長的工作或事業，肯定會是相對容易能出類拔萃的。

　　九歲的兒子已經清楚知道我們家裡每個人的特長，他說姐姐的 superpower 就是「溝通」，因為姐姐總是能夠很快地交朋友，並且知道怎麼和人對話，我覺得兒子的觀察力真是太棒了！這也是他的 superpower。

如果，我們已經離年輕時候太遠而忘記自己當時最喜歡什麼，最擅長什麼，那也沒關係。有時候我會開玩笑地要學員去問自己的爸媽：「我小時候你最受不了我什麼？」通常那也會和你的 superpower 有些關係，只是可能以錯的方式用在錯的時刻，就真的會非常惱人。特質沒有好壞對錯，端看我們是否懂得如何運用而已。

## 小練習

　　想想你從小有哪些特別之處呢？這時候，和兒時好友、兄弟姐妹或者爸媽聊聊你小時候的故事，會很有幫助喔！

　　你特別的長處、喜歡的事情，甚至是一些常讓人受不了的偏執，或者被父母、朋友說「你總是」的地方。試著不要負面批判它。可以改描述「我只要看到大樹就想要去爬」，而不是「我太好動」。接著思考，這些代表了你哪些特質？哪些到今天都還是如此，或有類似的狀況？例如：小時候看到大樹就想要去爬，現在只要聽說哪裡有趣，就想自己去瞧瞧。

## 特質 2：別人無法複製，專屬於你的能力

　　兒時的特質只是 superpower 的原貌，後續還會因為你的人生經歷而加深這些能力的雕琢，堆疊成為現下的模樣。因此，

superpower 基本上就是別人怎麼學也很難學會的特別之處，你無須擔心被取代或被學走的能力。

　　若你得知 superpower 的這個特質，應該會感覺大有力量吧！因為，你會知道這世界上沒有任何人可以擁有和你一樣的基因、性格、生活經歷，因此也不需要擔心自己沒有比人強，因為你肯定有屬於自己的獨特之處。你也不需要擔心競爭者，因為就算做同樣工作的人，也都會因為彼此不同的 superpower 而有不同的表現。我們只需要知己知彼，找出如何能彼此幫忙互補，就可以順利地完成事情。

　　有許多人總是感覺自己不夠強，事實上每個人都有過人之處，但也絕對都比人差。越認識自己，就越知道自己哪些部分很特殊，同時也會發現其他的部分，自己真的是怎麼學都不會比另一個擁有那部分獨特能力的人好，但也無須在意。

　　這個想法解放了很多我的諮詢學員。我常在第一堂諮詢就告訴他們這件事：找出你的 superpower，而不是要比別人強。因為真正的信心來自於「了然於心」而不是「戰無不勝」，如果你能懂這個道理，比較心與嫉妒完全困擾不了你！甚至有人來與你競爭，你也不會掉入爭強鬥勝的陷阱，反而可能會增加了一位戰友。

　　一切順利的話，人生的體驗過程應該是會讓這些能力越來越容易展現，而且逐漸可以找到發揮的支點。同時，也可從經歷中知道自己容易掉入的誤區，從中學習如何妥善控制自己的

superpower。

像是有些人自幼就特別「雞婆」，負面就是愛管閒事，但正面來說就是熱心助人。他們特別對別人的狀態有感，然而也容易踩過界。如果這樣的人知道自己的特長，並且找到適合的角色（例如：里長、倡議者或者參與公益團體），自然就可以做得很順手，別人也會覺得他們相當適任。但是，他們也需要從經驗中學到，要注意不要踩過某些界線，以及如何拿捏做到哪裡為止。

如果你特別地幸運，所經歷的都是幫助你發揮所長，學習如何掌握和與人搭配，那麼你會越來越精熟如何使用你的superpower。

但許多人得到的可能是不理解，甚至被討厭，許多路人甲會提出他們的意見、看法，讓我們感覺自己好像很奇怪，甚至我們總是錯的。例如前述那位熱心的孩子，如果身處在一個崇尚「別人家的事不要管」的家庭或社群，很容易一直被當作異類和唱反調的人，也永遠學不會如何掌握分際。但若父母親鼓勵他去關心別人，並且告訴他哪些界線該注意，那麼很可能他在十多歲就已經是熱心助人的熱血青年，甚至成為重要的社會倡議者。

這些人生經驗，就像是拼圖一樣，一塊塊讓整個畫面更完整。懂得如何去看的人，可以找出脈絡並且發掘出「我想做／我能做／我該做」的事。

## 小練習

　　畫出你過去十年的人生軸線，寫下哪一年發生過什麼大的事情，例如：到哪裡工作、結婚生子，或者遇過哪些挑戰、達成什麼里程碑、遇到什麼挫折。正面 10 分和負面 10 分為分數基準，你會怎麼幫這些時刻打分數？

接著，問自己以下幾個問題：

◎哪些時刻我過得最順心？什麼原因？這幾次有沒有共同之處？

_____

◎哪些時刻我最煎熬？是哪些同樣的原因而感覺到辛苦嗎？

_____

◎你現在身處在哪一個分數區塊呢？

_____

　　從觀察自己的生命歷程，很容易會得出真正讓你感覺順心的元素，和那些困擾你的元素。更進一步，你能發現自己已經學習獲得些什麼，以及現階段需要成長的部分。通常那些讓你特別順心的元素，就是你的 superpower，而那時你將它們展現出來，所以事情感覺就順多了！想不想要未來都是這樣呢？

特質 3：可以跨領域靈活運用

　　真正的 superpower 不會侷限在某個領域才能發揮。這個認知可以改變很多事。

　　許多人會限制自己，認為自己只適合做某些方面的工作——因為有過去的職場經驗，有相關的培訓和學位，所以才能擁有某些能力去做某些事。事實上，真正的 superpower 是跨領域的。意思就是，只要掌握了你的獨特特質，你可以在任何領域活用它，可以在任何選擇的領域上成功。

　　我自身的故事就是最好的見證。我的 superpower 一直都是「人與故事」，而這二十年來我所經營的產業從婚禮到培訓講師、寫書，一路到西班牙食品進出口、生涯顧問、房地產等等，與所有的團隊合作時，我只要緊扣著自己的這個特質來發揮，都能相對輕鬆地獲得基本的成績。雖然隔行如隔山，每一個產業都有很多的業內「眉角」需要學習，但是當堅守住做得特別順手的部分，就不會太辛苦。我比較差的部分是細節和計算，就有意識地找擅長這些部分的合作夥伴來補足，日子可以過得輕鬆很多。

　　因此，當很多人卡在「我可以做什麼」的時候，我會問：「你的 superpower 獨特特質是什麼？」因為事實上你可以從「做什麼產業」的框架中解脫，反而是問問自己真正有興趣的是什麼，掌握基礎的能力與邏輯，將你的能力磨光磨亮，導入在這個領域

中，都可以在半年內起步與有些成績。我已經見證到無數的藍月計畫學員，用這個方式開啟了自己的事業或志業（通常是兩者同時完成），相信你也可以做到。

在做個人諮詢時，我有時會點出學員過於偏執之處，稍微鬆動一下他們原本的目標。怎麼說呢？有些朋友因為非常喜歡藝術創作，就執意一定要朝手工藝品的事業前進。但當我問到「為什麼你喜歡這件事」、「為什麼一定是手工藝這個項目？」卻答不上來。這時候，我就知道對方已經把「眼前目標」和「終極目標」弄糊塗了。

我們想做某些事，肯定有一些終極的目標，一些遠景和期盼，無論是想要過的生活方式，或者是希望實現自我、回饋社會等等。然而，許多人會很快地把路途上第一個看到的項目錯當成終極目標，很偏執地一定要去完成它，卻沒有思考這是否是適合自己的事，是否與自己想要過的生活方式相符，有沒有資源和成本去做成這件事。最終，變成這個「眼前目標」的僕人。

因此我會希望你可以做以下的練習，放開限制，著眼在你的superpower 上而不是你眼前的目標。

你有可能發現，目前手上在做的事情並不能最適切地發揮你的能力，也不一定是你最想要做的事。既然 superpower 可以運用在諸多領域中，又何必緊抓著眼前的這一個呢？放開心胸，還有更多可能性。

**小練習**

拿一張白紙，選擇一個你的特質或能力寫在中央，圈起來。

從這個圓圈向外延伸，哪些事情是這個特質可以發揮的領域呢？有些可能是你已經正在做的事，有些可能感覺還很遙遠，但沒關係，在這張紙上你很安全，你可以寫下任何內容。

查看有哪些項目，是你以目前的資源和狀態，就能夠開始嘗試的呢？

## 特質 4：累積練習和經驗，發揮得更好

許多人會有一個迷思：既然是與生俱來的原始設定，就不需要多雕琢，應該馬上就可以運用得很好吧？事實上，無論是我們的社會或教育系統，通常希望齊頭式發展，最好不要太過特殊，再加上某些領域才叫做有發展、能賺錢的選項，因此許多人特別喜歡或擅長之處並沒有得到發揮，甚至還會受到許多壓抑。

這點在小學時代可能還不明顯，特別是上了中學之後，「升學」和「求職」成為人生將近三十年中很重要的課題，因此不在「立即有成績」範圍內的事情都變成浪費時間。

這也是我在之前提到自己非常幸運之處，因為我雖然國高中一路都是所謂的「升學班」，但我的家庭和學校並沒有要求我放

棄我所喜歡的社團或嗜好（頂多就是少花一點時間），我還是能夠持續地發展與學習在社團的領導統御與熱愛的音樂藝術。其實我畢業之後完全沒有用到過任何一次自己的學歷或成績單，但是過程中「學科外」的這一切，卻是我後續能在某些創業領域如魚得水的關鍵。

　　Superpower 也是需要訓練的。除了訓練得如何更專業，且向同樣有這類能力的前輩學習之外，一項能力會突出，有其正面也會有其黑暗之處。一個能自在表達自己的人，也需要學習如何同時間理解到別人的需求和感受；一個享受群體生活的人，也需要學習如何面對被人群包圍時排山倒海而來的意見，以及如何保有自我。這些都是需要經年累月的經驗累積與刻意練習的。如果不清楚知道自己的優勢（以及相對應的劣勢），就很難有意識地去理解自己在這些事件中所佔的位置，以及某些狀況為什麼會重複發生，該要怎麼去對應等等。

　　這點為什麼這麼重要呢？

　　因為太多人對於「天命」有著奇妙的期望，希望自己找到某個事業或神奇的方式，就可以一戰成名，馬上風生水起。然而我一直抱持著「天命不存在」論，我認為知道自己的 superpower 只是一個起點，中間還要仰賴每一個抉擇點都緊扣著這個能力，並且不斷地學習如何掌握和駕馭這個能力，才能真正實現「天賦使命」。這段時間可能長達數十年，同時在做自己喜歡和擅長的

事，同時間還能不斷練出新招，擁有新的體會與成長。但美好的是，由於這是自己的熱情所在，因此只要有耐心，這段過程多半是很痛快的。

　　人很喜歡「快速成功」的事，沒耐心是每個人類都要面對的課題，我也是如此。

　　當然也因此，認識和了解自身 supwerpower 的時間早一點會比晚一點好。我的意思並不是三歲定終身，而是從學生時代就開始放寬觸角多加嘗試，才會知道自己真正擅長和喜歡的是什麼，而且有哪些領域可以發揮，能夠逐步琢磨自己。要知道 superpower 需要時間培養，就像超級英雄電影裡面的角色，都需要經過一些奇妙的事情，例如掉進某個山谷，或者遇上什麼特別的老師、特別的遭遇，才能將自己的 superpower 使用到極致。所以容許自己去探索和學習，特別是要有「耐心」去接受雕琢，就會越來越得心應手！

# 找不到 superpower ？
# 你需要破除的盲點與困境

當我和許多藍月計畫的諮詢學員對談時，她們最常卡關的點在於「我哪有什麼特出的能力」。事實上，她們都是非常優秀且獨特的女生，也是很棒的母親與好友，而且許多人早已經成就了許多事，但她們的內心仍舊對於「自己在這世界是獨特的存在」感到懷疑。這真讓我感覺到難過。

通常會很難說出自己 superpower，或就算隱隱知道，也不覺得這有什麼正面之處的人，都有以下的幾個共同之處：

◎在童年或成長時期這些能力不被肯定。

◎所處的環境只強調和讚許特定領域的表現。

◎沒有環境去學習或磨練自己的特長。

◎一直害怕與眾不同，覺得和多數人一樣比較安全。

　　我相信你身邊也會有這樣的朋友（或許就是你自己），明明擁有許多讓人覺得「哇」的長處，自己卻時常覺得「這有什麼嗎？」、「這有用嗎？」。這往往就是因為從上述的環境中成長而習得的限制性思維。這種限制性思維就像是超人的剋星「氪石」（kryptonite）。當氪石暴露在超人身邊時，會削弱他的力量，甚至在持續接觸下，會對他造成致命的傷害。

　　如果你是出身這樣的環境，千萬不要覺得自己肯定就找不到 superpower 了。要記得，它一直都在（而且很多時候我們還很無知地想要擺脫它），但我們需要突破一些傳統和他人帶給我們的限制性思維。這個，有可能就是你耗費最多時間和精力之處。

　　這時候，你身邊會需要一些幫助你打破框架的盟友，可能是你的創業夥伴、好朋友或伴侶，甚至是一位諮詢顧問，就是一個你信任且看得出你的「繭」所在何處的人。他們能在你陷入這些限制性思維的時候，提醒你要換個角度思考，或者有系統性地幫助你逐步建立起培養 superpower 的沃土。我非常建議你在身邊放滿這樣的人，幫助你肯定自己，並且非常清楚你可以如何發揮你的長處。我在 2024 年開啟了「小藍月成長社群」，其實也就是這個緣故。從協助藍月計畫許多學員的過程中也發現，有些人身邊真的充滿很多的負能量，或者已經太久沒有去發掘自己正面的那一塊，因此總覺得「不知道自己能做什麼」

或「我有用嗎？有人要用我嗎？」。但透過社群的陪伴，固定時間的工作坊，或許有機會慢慢走出這樣的思維。但終究，要你願意踏出第一步才行！

## 越樂在其中，越易成功

如同前面所提到的，「不清楚自己存在的價值」並不代表不會成功，很多時候還更容易達到世俗定義的成功，因為我們可以不顧自己的感受和極限，為「成功」這個老闆（或是神？）付出一切。因此，當我們尋找人生導師或榜樣故事的時候，還得多注意這人是成功？還是他真正在過著我想要的生活呢？有很多人並沒有許多金錢，但是他們知道自己為何而活，而將平凡的日子過得有滋有味，這也是很棒的。然而，成功和快樂，雖然不是等號，也絕對不是互斥的。

如果你問整個房間的人：「你會選擇『成功』還是『快樂』？」許多人會告訴你，他們會選擇「快樂」，但實際每天的生活中，我們總是習慣選擇「成功」而不是「快樂」。我們已經被教育：「要成功一定要犧牲快樂」、「快樂不會讓你賺到錢」、「成功必然要犧牲和吃苦」，因此當我們感覺自己卡關的時候，就會用「天將降大任於斯人也」的那一套來告訴自己要繼續撐下去。

然而，近年來的科學研究結果卻不是這樣說的。

索妮亞・柳波莫斯基（Sonja Lyubomirsky）是加州大學河濱分校的心理系教授，她與同事們於 2005 年綜合了 225 項研究，集結超過 275,000 名參與者的研究表明：快樂不僅僅是成功的結果，更是成功的動力源。

研究發現，快樂的人通常在職業、健康和人際關係等多個方面更成功，且快樂通常在工作滿意度、婚姻穩定和長壽等方面有著預測的作用，控制了其他可能影響結果的因素，證實了快樂在先，成功在後的因果關係；實驗研究則顯示，誘發短期積極情緒能提升人們的社交能力、利他行為、自我認同感和衝突解決能力，並增強免疫系統。快樂的人更有可能擴展資源和朋友圈，利用機會建立技能，並能夠休息和放鬆，以在高強度努力後恢復精力。這些發現被發表在《心理學公報》（*Psychological Bulletin*）上，有興趣的朋友可以更深入研究它。你會發現，並不是越辛苦的人越成功，反而是越樂在其中的人，成功機率更大。

2023 年，《今日心理學》（*Psychology Today*，中文暫譯）發表了一篇文章，探討快樂與職業成功之間的因果關係。研究顯示，幸福感較高的人在職業、健康和人際關係等多個方面更成功。幸福感較高的畢業生在三個月內更有可能獲得後續面試，八年後在著名職業中工作並感到滿意和財務安全。實驗研究則

證實，處於積極情緒狀態的人會設定更高的目標，更加堅持，並且在面對挑戰時更樂觀和創造性。這些證據共同表明：幸福感往往在成功之前，並且經常促成成功。總體而言，幸福感不僅是成功的結果，更是成功的驅動力。

　　或許我們可以說，人類終於進化到停止自我虐待來換取成功，當然也還是有很多人會說這樣的思維是「爛草莓」，但無論如何，開心且有熱情地做自己認同和喜歡的事並能夠賺到錢，還是比強押著自己去做有錢但很討厭的事情來得讓人嚮往許多。而這也不只是一個嚮往，事實上，許多成功人士正是這樣又快樂又成功的表率。

## 讓生活充滿熱情事物

　　例如維珍集團的理查・布蘭森（Richard Branson）就是箇中翹楚。理查・布蘭森是維珍集團（Virgin Group）的創辦人，目前擁有超過六十家企業。這些企業涉及多個行業，包括航空（維珍大西洋航空）、太空旅行（維珍銀河）、電信（維珍電信）、酒店（維珍酒店）和郵輪（維珍郵輪），整個集團的年銷售額約為 230 億美元（約新台幣 7,500 多億元）。截至 2023 年，他的淨資產估計為 30 億美元（約新台幣 980 多億元）。這應該算得上是非常成功的一位企業家。然而，他的生活不是全然賣給

工作。

　我很喜歡他曾經說過的這幾句話，這些也成為我的工作與生活方針：

　「我給任何人的最佳建議，是把時間花在你對生活充滿熱情的事情上。」

　「任何停止讓你感到快樂的事情，我認為是時候放手了。生活太短暫，不能不開心。早上醒來感到壓力和不快，這不是好的生活方式。」

　「我從未僅僅為了賺錢而進入任何事業。如果這是你唯一的動機，那麼我認為你最好不要去做。事業必須投入而且必須有趣，必須能夠激發你的創造力。」（"I have never gone into any business purely to make money. If that's the sole motive, then I believe you are better off doing nothing. Business has to be involving, it has to be fun, and it has to exercise your creative instincts." 這句話出自於他的書《*Like a Virgin: Secrets They Won't Teach You at Business School*》）

　他很清楚直接地說明，為什麼你應該要真心喜愛你手上做的事，而且也用他的故事證明這真的可行。所有所投入的事業，他並不是最懂的人，但他是特別覺得「這有趣」的那個起始者，因此他會願意投注自己寶貴的時間與精力，並且找到比他懂的人去發揮。我很欣賞這樣的「創業頑童」心態，並且也提醒著

自己，創業是我「選擇」的一條路，那麼何必選擇讓自己想到都痛苦的事呢？如果想要玩更多不同項目，也不用對自己的不專心一致感到罪惡感，因為有些人適合一次只做一件事，有些人就喜歡生活中有著不同的變化（就像我），讓自己感覺到愉快有熱情的事，才是值得我們投入的事。

　　這個觀念並不是很常見，特別在學校的系統中，把「學習」變成一件苦差事，而且一定要把我們不會的給搞定才能夠畢業。這樣的「挑錯」思維大大影響著我們，常專注在那些我們比較差的學科，花很多的努力要讓它好一些。加上人類原本就很容易關注負面事件，這讓我們可以遠離危險，就像遠古時代一個人得要狩獵過活的時候，可增加存活的機率。然而，我們已經進入完全不同的世代，許多的苦差事甚至已經可以少少用每個月幾百塊讓人工智慧去處理。

　　對照著前一章節聊到「如何發現」自己的 superpower，我們就可以知道，如果在最關鍵的發展階段，我們無法認知到自己這些「特殊之處」有其正面意義，就很容易討厭自己的超能力：覺得自己太囉唆、討厭自己太熱情、痛恨自己怎麼就是只會畫畫這種沒用的東西、不好好讀書整天只想玩 band、一個人抱著書實在是十足的書呆子等。以上這些負面的聲音，很遺憾地存在許多你我心中，到了三、四十歲仍擺脫不掉。但如果深入事實你就會發現，有許多和你有一樣 superpower 的人好好運用它

們，且都獲致很大的成功。嘗試 Google 看看，你就會發現許多故事，或者請 ChatGPT 告訴你有哪些人運用了你認為無用的能力，進而達成了很大的成就呢！

然而，你是否會擔心這樣「太快樂」而無法進步呢？不會的。我們過去一直被這樣恐嚇著，覺得如果讓孩子太輕鬆，孩子肯定不會想要學習，其實這是錯誤的。人天生有追尋自己有興趣事物的好奇心，而我們只需要保護孩子和自己的那顆好奇心，去研究、鑽研，終究會找出那個「有趣之處」。

我看著 Jascha 和兒子在玩 FIFA 足球電玩時，總是非常嚴肅以待。有時候我實在看不下去時會說：「這不就是一個遊戲而已嗎？」他們總是會轉頭且很認真地告訴我：「不！這不『只是』個遊戲，這是 FIFA。」因此我知道，電玩遊戲也是可以很認真的，而且一樣要一關關過，一樣有著代幣可以賺，有寶物可以拿，就和創業一樣。所以，不如就把它當作一件有趣的事，認真去投入學習吧！

## 我在做一件很有趣的事

因此，我常常鼓勵藍月計畫的諮詢學員，不要想著自己在「創業」。因為通常想到「創業」兩個字，我們都會有許多既定的標籤貼在上面，例如：一定很辛苦、要很懂財務、會虧錢、

要投注很多資金、一定會犧牲家庭生活等等。不如想著「我在做一件很有趣的事」，把你想做的事想成一個有趣的專案去研究、去發展，甚至當作一場認真玩的遊戲。這樣的心態會讓你放下許多框架，也會跳出更多可能性，做起來也比較愉快。

而另一個讓許多媽媽卻步，不敢開展自己事業的原因，就是覺得一定會影響家庭生活。這也是傳統「創業」二字給人的框架。我在懷孕的時候開始有了「在家做點什麼」的念頭，後續就在大女兒出生的過程，在家的這個「小生意」也開始拓展。許多人（包括我的母親）都告誡我：「創業肯定會拋家棄子，影響到你帶孩子。既然想要在家陪孩子，為什麼不專心呢？」傳統的社會價值觀認為人應該專心做一件事就好，當時並沒有「斜槓」的風氣，許多人會覺得身兼多職要不就是屬於很辛苦的家庭，要不就是這人「太貪心」，想要的太多。

所以我為什麼一開始給自己設定「我在做一件有趣的事」，某種程度也是希望降低這種衝擊。當我告訴母親「我就試試看，了解看看而已」，她反而就不反對了。因為她的腦中也有很多對創業和育兒的限制性思維，與其直接去衝撞，不如就繞個彎「看看」、「再說」。

這樣是否會讓我不認真呢？其實，反而讓我更有勁！

我在這個過程中發現，許多人根本就是被自己的限制性思維關在小盒子裡。我們怎麼工作，怎麼生活，都是社會和傳統

給予我們一個框架去遵行,加上教育體制的強化,讓每個人都很怕自己與眾不同,很怕跨出了所有人都這麼做的框框。我意外地跨出去,卻發現他們所說很恐怖的世界,需要夙夜匪懈、拋家棄子才能完成的事業,事實上是我可以「設計」和「決定」的。

這個過程,我已經在拙作《我在家,我創業》與《在家創個好生意》分享很多,你從這些故事之中會發現,我完全是以「我想要的工作模式」為前提來選擇和安排我的事業。這些設定並沒有成為我的阻礙,反而讓我不會落入「被自己創造的事業綑綁」的牢籠,為自己的事業在賣命。這也是很想與各位分享的寶貴經驗。

挖掘優勢，
發揮媽媽超能力

　　許多女性在成為母親之後，由於身份轉換又迎接新生命，內在外在都面對許多的變化，會開始對自己產生很多懷疑。我有一些很有能力的女性朋友，在成為媽媽之後第一次感覺到自己有好多的不足，連餵奶、換尿片、好好睡覺（甚至安靜上廁所或洗澡），都感覺需要重新學習。如果此時又決定留在家裡一段時間，有些媽媽會感覺到自己的價值感低落，究竟自己除了身為人母，還有什麼重要性呢？

　　2003 年大女兒出生，當時的我已經開始創業，因此日子忙碌到完全沒有時間思考「自我價值」這件事。「我必須賺錢」的龐大壓力與目標，讓我的日子成天不是孩子就是工作，加上選擇在家裡創業，因此家務和育兒的瑣事也一件沒有少。整整有將近五、六年的時間，愛旅行的我放棄出國度假，愛看書的我放棄泡書店的放空行程，感覺自己好像從飛在天上的夢想家，頓時落入凡間，變成保母兼女傭外加廚師，而且還得要創業賺錢。

　　到了我創業大約六年左右，我終於有時間稍微空出腦袋來思考。當時我的事業發展還蠻順利，已經有了一個團隊來承接婚禮案子，工作的壓力小了許多。孩子也在我的陪伴下一天天成長，活潑可愛，貼心溫暖，即將上小學了。

　　我開始思考，我的人生或許不該只有「責任」。我來到這世界上，應該還有更有趣的事等著我，還有好多體驗我沒嘗試過。

　　所以事業上，我開始跨出不同觸角，做些自己真正有興趣的

事，開始上課學習，也開始分享自己過去的經歷來幫助剛起步的創業者（特別是媽媽們），我感覺到自己在發光！也才赫然發現，原來過去這幾年我成為母親的過程，我成長了這麼多！我逐漸建備了許多二十七歲之前所沒有的能力，也因為身為母親而有動能繼續成長。三十三歲的我，比二十七歲的我更美麗，更豐富，更有同理心，也更堅強。

而這些年又過去，我寫這本書時正要進入四十八歲，即將奔五了呢！我的大女兒已經二十一歲，是個獨立自主的女生，在英國讀大學，而我的小兒子也快要十歲了。做母親這件事所帶給我的成長，遠遠大於我好幾份的事業總和。

我因為成為母親，所以學習看出每個人的獨特與美好之處，學習用「支持」取代「下指令」，學習將時間軸拉長遠來看，也學習享受當下，學習將限制變為自己的優勢。當然也學著溝通，學習放下自己的偏執，學習愛與被愛，學習原諒與被原諒。

一開始當母親時，我給自己好多的規矩。我要當這樣那樣的母親，我絕對不可以這樣或那樣。但二十年過去，我發現多數不喜歡當母親的人，是因為不喜歡當母親的那個自己，所以我逐漸在每一年、每一年放下自己這些要求和標準，用最原始的「我」和我喜歡的方式，來享受做母親這件事。而這些從「為人母」中學習到的一個個超能力，也就開始發揮力量。

我因為身為母親，而成為更好的創業者。我希望自己的事

業，能夠讓地球成為更好的地方；我希望自己的努力可以幫助到更多家庭，擁有更舒心的生活與關係。我投身的每件事，都是以家庭優先，所以我會認真照顧自己，也希望合作的每一個人不要過度燃燒自己，因為每一個人背後都至少是一個家庭，都有他們親愛的家人等著他們相聚。這些畫面，是我每日工作所期盼看見的願景。

所以我很喜歡與媽媽們合作，我們許多核心的工作團隊成員都是父母親，更多都是選擇在家工作的父母親。我們會彼此體諒各自家中的狀況，但也同時彼此分享如何做更好的安排，讓自己不至於捉襟見肘；我們也會彼此交流心情，用讓我們的孩子會感覺驕傲的方式來工作，來與人相處。

我希望看到這裡的你，也可以閉上眼睛，花幾分鐘時間想像一下自己在這兩個身份中穿梭的自己。你希望自己是怎樣的人？如何看待工作與困難？如何面對覺得很辛苦的狀況？你希望自己如何面對他人，如何溝通？而且，你是如何地閃閃發光！

你是媽媽，你有超能力！

# 最有效率的時間管理達人

很多媽媽會覺得：「你在說笑嗎？我成為媽媽之後，根本沒有時間可以讓我管理！」

我懂你。

我們的確要花不少心力在孩子身上，但也請讓有當媽多年經驗的我，分享一個事實：多數的孩子，都「不需要」我們全時間陪他們。而且，隨著孩子長大，我們自己一個人的時間也會越來越多，也就是說我們可以用這個理由來說自己沒時間的日子，其實沒有幾年。這樣點出來或許有點殘酷，不過若不看清楚這個事實，許多人會一直容許自己處在「沒有時間」的匱乏感中。而匱乏感阻礙了正面能量的流動，自然就容易覺得處處受阻礙。

　　拿掉這樣的限制性思維後，許多媽媽反而感覺好像從職場上放了個假，終於有些時間思考自己想要做的是什麼。也終於有些時間「假公濟私」帶孩子去做一些自己一直想做的嘗試。

## 人生的焦點管理

　　我就是在孩子學畫畫的同時，向老師要求可否也讓我在教室外自己畫畫。老師很開心教室可以有額外的收入，當然欣然同意，而我也很開心自己能夠在「必須陪孩子」的空檔，讓自己也學了一直想學的油畫。那一個小時，我可以坐在某個咖啡廳滑手機等孩子下課，但我也可以當作上天給了我一個小時的 me time。

　　在兒子剛出生那幾年，我刻意放下所有的工作專心當媽。因為上次當媽的時候我已經是創業者，所以既然有第二次機會，那就來真正當個全職媽吧！因此，我帶著寶貝兒子去好多我喜歡的地方，他只能被我推著抱著，那真是太好了，咱們就去漢堡港的碼頭曬太陽吧！就去搭船遊河吧！那兩年我們去了好多地方玩呢！

　　帶嬰兒出門會不會很麻煩？一開始會，但我的超能力每一次每一次地進化：怎樣安排行程和媽媽包，讓我可以帶最少的東西，減少對孩子作息的影響（或說孩子作息對行程的影響）。

我把自己想要的行事曆和孩子的合而為一，當陪著他們過生活時，我也過了好幾年遠離過去事業壓力的日子。現在回想起來，好多的回憶與美好的時光啊！

而當兒子開始每天去三個小時的托兒中心時，我也無法跑遠，就在托兒中心隔壁的咖啡廳開始寫文章。當時我已經偶而會在某些網路專欄寫些海外育兒心情，有了托兒中心的幫忙，每天我多了「三個小時」出來，簡直覺得自己可以發射火箭了！那段時間我的產值大增，我的前三本書，主要都是在兒子教室外不同咖啡廳完成的。兒子也從幾個小時在托兒中心的學步兒，到現在已經是一天七個小時不在家的小學生了。

許多的媽媽與我一樣，學習在育兒的同時仍舊做著自己喜歡的事。我不會說這很容易，但也絕非不可能。我們都在這過程中養出「時間管理」的超能力，並且知道，時間管理其實就是人生的焦點管理，我們把重點放對了，許多細節都會隨之對齊，逐漸安排成自己喜歡的日子。

## 整合行事曆的專家

成為母親後，我學會把好幾個不同行事曆整合為一的功夫。在過去，我只有一份自己的行事曆，頂多記錄一些親友的生日，一些重大節慶。但成為媽媽之後，特別是在家裡創業的媽媽，

我發現我得要把孩子吃喝拉撒睡的行程也納入考量，我的外出或會議，也都得要在這個「整合行事曆」當中考量諸多要素後，才能安排妥當，否則就是自己拿石頭砸腳，肯定痛苦無處說。

這對許多人是個挑戰。因為我們的思維時常是非A即B：在學校時，甚至會認為只要我們準備考試，全家都要跟著備戰，而這種「單一重點」的思維到處都是。因此，許多在家工作的父母會感覺自己「無法像在辦公室上班一樣專心」，然而事實上我們坐在辦公桌前，的確身體很固定，卻也不一定那麼專心。當我們把行事曆都拆開來看，很自然覺得所有都撞在一起。期望著三歲孩子照著辦公室朝九晚五的時間來跑，絕對會崩潰（孩子或你都是）！但要我們隨著孩子那種任意而行的方式過活，就真的什麼事也不用做了。因此，我總是會建議父母親可以有個「家庭行事曆」，把每個人彼此交會的部分安排好，大家依照一個韻律而行，就比較能彼此配合而不打架。

許多媽媽在練習幾年後，成為整合行事曆的專家，而且會發現這樣的思維不只是在「行事曆」上很好用，也會讓規劃家庭目標、旅行計畫等事變得非常順暢。更多細節也可參考凱若的拙作《爸媽不瞎忙》。

我很喜歡與在家工作的爸媽們合作的原因之一，也是因為我們都有相似的彈性。例如：開會簡短為上，最好預先都有開會重點，半小時內搞定，特別是開會時間絕對不要卡到要接小

孩的時刻；週五中午過後，盡量不要排重要的會議，因為孩子通常在週五都有一些活動，給彼此一些喘息的空間去開心迎接；週末是家庭時間，就彼此有默契不會打擾；孩子生病就好好照料，而且還會關心彼此別跟著生病。

這些都是在家工作的父母親的日常，而這也應該是正常家庭的生活日常。我相信，未來的世界不再是繞著工作賺錢打轉，每個人都希望可以在方方面面過得舒心，而為人父母在這部分，肯定有我們的超能力。

# 最體貼的人際溝通高手

　　我遇過非常多平日與小孩搏鬥的媽媽，都是人際溝通高手。

　　因為我們知道孩子這種生物，通常吃軟不吃硬，「硬碰硬」的下場就是大家都不開心，任何美好或重要的行程通常都會被弄得很糟糕；我們也知道得要「引導」多過於「指導」，最好是讓對方甘心樂意地用「我們想要他們去做的方式」來做，還讓對方覺得自己真是太棒了。這些都是「職場溝通」或「談判學」書籍裡面的重要技巧，卻同時也是父母的日常技能。所以許多優秀的客服人員都是帶過小小孩的媽媽，這點絕對毋庸置疑。

　　在職場上，客人或同事可能還會礙於場面或合作關係，不敢告訴我們「真話」。孩子絕對沒這種包袱，他們會非常直接讓你知道「我不喜歡你這樣跟我講話」，而且這些表達絕對會

讓你感受到他的痛苦（因為同時也會讓你很痛苦）。他不會選擇場合來讓你知道「這件衣服刺刺的」，也不會介意在你正要講電話的同時告訴你「需要你幫我擦屁股」。

## 用合適的方式與人相處

與其覺得頭大，我反而特別愛孩子的這些部分。他們是我的鏡子，讓我知道自己習慣性的言語是否恰當和讓人舒服？是不是常常用「問句」來表達我的不悅？是不是先去聽他們說些什麼，而不是一直講我要說的話？這些思考和練習都幫助我，在成人的世界裡，能夠打破自己傳統溝通的模式，更直覺地選擇用對方可以懂的方式去溝通。

我有一個刻意練習而來的習慣，就是在見到家人和孩子的第一瞬間，給予最大的笑容和擁抱（無論今天我的情緒如何），到了西班牙後還加上親吻，而我們都很喜歡這樣。這麼練習的原因很簡單，因為我希望對方感受到「我在這裡，我很開心生命中有你，我很愛你」。

當我已經很習慣這麼做之後，我發現，自己也很自然地用同樣的態度迎接同事與生意夥伴，我成為總是習慣第一個伸出手好好握著的那一位，而不是等著別人來打招呼；認識的對象我也很自然地給予擁抱，問候：「你今天好嗎？」因為這是我

和孩子、家人每天的互動方式。有一次，某位資深的合作夥伴特別在會議中講到我的這個習慣，說她深深地被打動，我才發現原來這件事如此特別。「認真當媽」同時也讓我成為一個更好的溝通者。

另一個例子，是如何面對「失望」。孩子肯定有讓我們失望的時候，但同時通常也是他們最需要我們給予支持的時刻，例如考試失利、比賽輸了、做了錯的決定或錯的事。我相信每個人都希望自己表現得很好，這是我對人性很基本的相信。我很堅決相信，沒有人會故意搞砸自己手上的事。只是很多時候，我們不知道原來照著自己想要的方法會讓事情變得這麼糟；或者我們不知道，原來我沒思考到做這件事會讓愛我們的人這麼難受。我們都討厭讓人失望，但做父母的，我們更不喜歡自己對孩子失望。這種痛苦是加倍的。

然而，讓我們感到失望的狀況，在孩子一生中會發生非常多次，而且程度可能越來越猛烈。此時最嚴格考驗的，就是要如何面對當下的情緒，以及後續該要如何溝通，與如何讓情況改善。

在成為母親之前，甚至到了成為母親後的好幾年，我都是個要求非常高的人，對自己和他人都是。我會在會議裡摔我的手機，會大聲罵人，只是因為工作夥伴讓我失望。現在我對於那些事情究竟是什麼已經不復記憶，但對我自己當下的情緒、

行動、話語，一件件記得非常清楚，而且相當慚愧。或許他們做的事情的確讓人失望，或他們真的搞砸了，但是我的反應卻只會讓他們感受到負面情緒爆棚，甚至被傷害和冒犯，對事實的改善一點幫助都沒有。

　　女兒進入青春期後，有段時間時常讓我頭痛，我有時也會暴走。但每次我都問自己：「我希望讓她知道的重點是什麼？」是她讓我失望了？她搞砸了？還是更深層的：「這次發生的源頭究竟是什麼？我們如何不讓這樣的狀況再次發生？」當然，是後者。如果我總是「情緒先行」，對方記得的也只有我的情緒，甚至因此失焦，而演變成更大的衝突。如果我容許這之間有一些情緒的空檔（對我來說，就是先冷靜幾個小時），讓對方先說話，通常情況會從滿溢的情緒亂流，轉換成深度的對話。我很慶幸自己當初有這樣的覺察和改變，也謝謝女兒給我不少機會練習（笑），最終，這成為我與人溝通很基本的模式。

　　當然，這一切不會瞬間發生，所以為何為人父母是條漫漫長路，但我將這過程當作一場修煉之旅。這世界最終不會被 AI 取代的能力之一，就是溝通協調，彼此串聯的魔力。如果我們能夠淬煉自己與孩子們溝通的方式，不僅會讓家庭氣氛更美好，親子關係更親密，還能幫助我們在事業上多了這個獨特的超能力呢！

# 世界級的多元資源整合中心

今天兒子牙齒不舒服，要預約牙醫的時間，那也順便幫大人預約年度洗牙；最近希望多吃原型食物，卻沒有時間採買？沒問題，上網找找看提供直送到家的店家，而且還要找有「現金回饋」的平台和商家；下個月要旅行，得要查詢機票和住宿，還要查查看是否需要簽證；感覺需要運動，來了解附近幾家健身房最近有沒有什麼特別方案；女兒學校表演需要特別的服裝，看起來可以自己動手做做看，等下班後來找一些材料，和女兒討論一下設計吧！

以上這些，可能都是媽媽一天內（甚至幾個小時內）就要處理完的事，更不用說，很多時候還是在同時上班的狀況下，見縫插針把這些事完成。所以你會發現很多厲害的媽媽，總是

平時關注著很多生活資訊，若臨時有需要的時候，就立刻可以派上用場。這節省了很多搜尋的時間，特別是非常緊急的情況下，這些平時就存放在媽媽腦袋裡的「無用小知識」就變成「救命寶典」。

這也是為什麼我特別喜歡和媽媽們在工作方面合作的原因。她們不會只有關注自己手上的事，總是眼觀四面、耳聽八方，將所有人的需求和喜好，和生活周遭可能需要的那些資源，都一點一滴放在腦袋裡。

很多人擔心 AI 會取代自己的工作，然而媽媽的這項厲害超能力，AI 大概得要花點時間才有辦法追上！媽媽，可說是世界級資訊中心。

媽媽的袋子也是精彩萬分！媽媽外表看起來優雅又有型，但卻可以從隨身包包中拿出一個個的法寶，例如：OK 繃、消毒噴霧、衛生紙、幾張可以畫畫的紙和畫筆、橡皮筋等等。這些都是訓練後的成果，從原先的大包小包狼狽到不行，漸漸升級到隨手拎著一個「行動百寶袋」──媽媽就是全球資源整合站。

我在當婚禮顧問時已經是個媽媽，「上班包」中總有OK 繃、髮圈、針線盒、別針盒，止痛藥和一瓶解酒液，看起來是為了不時之需做準備，卻時常緊急救援成功。這常常讓不是媽媽的同事們目瞪口呆，驚訝怎麼一個小小的袋子裡可以裝得下這麼多東西。

## 擁有創意多元的超能力

當這個超能力被運用在工作上時，媽媽們往往彈性十足，可以東拼西湊各種資源，想出更有創意的方式來解決問題。就和媽媽們需要一份夠長的「臨時托嬰名單」一樣，她們通常也會有各種備用聯絡方式，像我手邊就有好幾個會計師、律師、設計師、IT 工程師的名單，雖然自己有固定合作的對象，但許多事情還是有備就無患。如果臨時需要徵詢更多意見，或者急件產生，就有辦法快速傳幾個訊息後搞定。例如前幾天有個廠商臨時需要我們出兩張圖，這些 Line 群組中的備用設計師名單，就立刻解了燃眉之急。

有一位保險阿姨，和我們整個家族一起度過幾十年，已經是我們家中成員之一。她幫助我們家面對當時我生父罹癌與辭世後的大小事，讓我的母親可以安心處理家中事務，從那時開始，我們全家人的保險當然全都交給她負責。但她厲害之處還不僅止於此。有次我想知道到底該刷哪張信用卡好，她馬上跟我分析「祕技」，讓我整個用卡的功力大增。她也知道許多有趣的店家，好吃好玩的找她就對了，每次有她在，我都覺得自己可以立馬放空放鬆，跟著吃喝玩樂就好。這就是她的超能力！

要同時間掌握這麼多資訊，的確不是容易的事。所以媽媽們也常肩頸很硬，覺得自己好像八爪章魚，什麼事都要懂那麼

一點。但是也因此，我認為媽媽們很適合做「總管」類的工作，從特別助理，到全包式的各種服務（例如：婚禮顧問、禮品諮詢、健康顧問、保險業務等等），當然還包含營運長這樣的高階管理職務，都很需要媽媽的這項超能力。

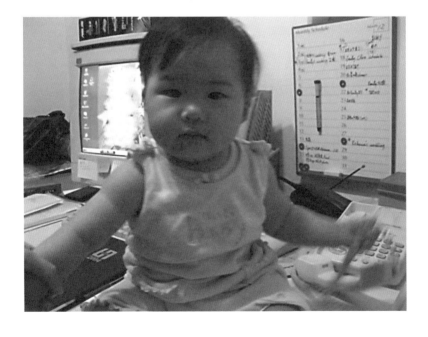

# 堅韌的長線思維家

　　如果我說「媽媽們比較有耐心」，可能很多媽媽會認為：「我不覺得啊！我時常喊著『快點！快點！』怎麼會有耐心？」但我說的不是這種對生活瑣事的等待，而是當我們看一件事的成敗時，通常比專注輸贏的人來得看得開、看得遠。特別是媽媽年資越久，越明顯。

　　古人說：「十年樹木，百年樹人。」我不確定這個數字是否正確，但的確要拉拔一個孩子長大，不是三、五年的短跑，而是一場馬拉松。我的女兒已經要二十一歲了，我還是不太確定是否自己已經「完工」。雖說這個工程的擁有者不是我，我充其量只是某段時間的部分施工單位，但還是希望看著工程根基穩固，長長久久。如今回想起來，許多她小時候或青少年時

期的「狀況題」，都不再是多重要的問題，我完全不記得她哪一年的哪一科成績如何，也記不清楚當時我那麼生氣的「事故點」到底是什麼，但我只知道一路上我們都一起跌跌撞撞，她學著長大，我學著當媽。

　　所以我們對於許多事情當下的「成敗」，也比較容易釋懷。「小時了了，大未必佳」，一切順利的時候感謝上天，不太順利的時候沉潛學習，把許多事情拉長遠來看，專注在所經營事務的「價值」上，自然容易走得長久。

## 一門好生意，可以改變世界

　　經過淬煉的媽媽，比較不容易因為不開心就放棄一個案子，或者看到沒有成果就馬上去做另一件事；通常媽媽們的問題反而是太容易一直付出下去，忘了評估成效和自己是否喜歡。因此，我時常要提醒在藍月計畫參與個人諮詢的媽媽們：「事業」不是你的「孩子」，很多創業的本質很像養育一個孩子，但是事業不是人。事業可以隨時喊卡，隨時調整，甚至你決定要放下了都不需要感覺到愧疚，因為事業應該是我們個人的延伸，而不是我們要付出愛的對象；甚至一起工作的合作夥伴或員工，也不是我們的孩子，為他們思考是很好的，但同時也需要抓出界線。我時常得提醒媽媽們要這樣分開來看。

　　然而，我也往往被這些媽媽們的堅忍毅力所感動。許多媽媽們創業，並不只是為了賺錢，而是有更深層的意義想要完成，所以她們會願意承受眼前的辛苦或挑戰，以長線思維去經營。在這本書中介紹的許多媽媽創業家正是如此，她們的創業動機很多時候聽起來非常天真，「幫助」與「支持」聽起來就不會賺錢，但她們努力用資源整合的超能力，讓它成為既能獲利又能讓世界成為更好之處的「良心事業」。身為一個消費者，我也很喜歡讀這些創業故事，特別鍾愛那些希望透過自己的手來幫助人的「好生意」，肯定會用新台幣好好支持它們。這，也是另一種能改變世界的超能力！

Part

2

# 媽媽們
## 都怎麼賺錢？

## 從解決自身痛點到成為一份事業

# 嬰幼兒睡眠顧問
## ——姜珮

　　姜珮是一位充滿熱情與愛心的嬰幼兒睡眠顧問，她的故事就是成就家庭與事業皆兼顧的感人過程。她目前是在家工作的創業者，提供一對一諮詢、線上課程及培訓華人睡眠顧問等項目。透過這些服務，她幫助無數家庭解決嬰幼兒的睡眠問題，也讓許多父母重新找回安穩的夜晚，重拾家庭的愉快氛圍。

　　在成為睡眠顧問之前，姜珮自己也曾經歷育兒的挑戰。當新手媽媽的第一年，她的孩子面臨睡眠問題，導致她的睡眠品質和精神狀態都不佳，甚至連先生的健康都出現問題。「孩子睡不好」這個問題讓她痛苦不堪，因此她開始搜尋線上的一些資訊，發現了「嬰幼兒睡眠顧問」這樣的工作，並且得到很大的幫助。之後，她並沒有因為問題被解決就停止下來，反而決定進修成為睡眠顧

問，並開始在網路上發表文章，慢慢地積累一些客源。

姜珮樂於協助像她一樣的家庭重獲安寧，同時隨著她越來越有經驗，加上她在成為全職媽媽前就是從事培訓相關的工作，因此「睡眠顧問」這個角色對她可說是如魚得水。當她手邊的案子逐漸增加時，她發現很多父母也渴望學習嬰幼兒睡眠知識，於是她更進一步製作線上課程，來滿足這些需求。

這樣持續到第四至五年，姜珮的事業有了進一步的發展，不僅合作夥伴加入，還與親子天下出版社合作《每個爸媽都能養出好眠寶寶》——這是一本實用的的育兒指南，希望透過科學方法，有效幫助父母解決嬰幼兒的睡眠問題，進而建立全家人的健康睡眠習慣。她持續結合自身經驗和專業知識，為家長們提供切實可行的建議，協助無數家庭改善孩子的睡眠問題。第四年，她開始籌備「好眠師認證班」，以培訓更多像她一樣的華人睡眠顧問。

別看姜珮的事業發展如此順利，就覺得她肯定忙碌到不行，或是肯定有完整的創業計畫；其實她的起點非常簡單。姜珮選擇開始事業的其中一個原因，是她先生的工作必須經常出差，這讓她需要一個時間和地點皆彈性的工作，以便更妥當地兼顧家庭。她並不是有了全盤規劃才開始，而是一邊摸索一邊調整，更重要的是一邊學習。她到現在仍舊維持著每日五、六個小時的工作時數，以便照應家庭的需要。

這份工作不僅讓她擁有不錯的收入，在育兒花費上更有底氣

之外，工作時間的彈性讓她能夠在孩子放假時陪伴著，彼此有更多的相處時間。從無到有經營這份事業，對她來說是很大的肯定，讓作為母親的她對自己的能力更有信心，而這種自信也反映在她與孩子的互動中。

然而對於在家工作，姜珮也有不那麼喜歡的部分。由於缺乏人際互動，比較難交新朋友，當然也容易感到孤獨；此外，工作和家庭之間的界線模糊，經常被瑣事打擾。上述都是她所要面對的狀況題。

即使如此，姜珮仍很滿意事業所帶來的收入、時間自由度、與家庭生活的融合度以及自我肯定和實現。這份工作讓她能夠更靈活地安排時間，陪伴家人。

## 凱若說：持續扎實地進化，走出自己的成功路

姜珮是我開啟藍月計畫生涯顧問的一個重要原因，也是頭幾位諮詢對象。

一開始認識姜珮時，她在網路上偶而寫一些文章，開始思考是不是該朝睡眠顧問這條路走。我當時看見她是個極其優秀與認真的媽媽，其實就算只是往前走幾步也是很好的，加上她對這個主題有熱忱，所以我也敲邊鼓地鼓勵她可以試試看，而且一定要用自己喜歡和適合的方式進行。有了身邊人的支持，她果然一步

步累積並建立起一份穩固的事業。

在這一路上，她只要有點糾結或卡關，就會敲敲我，這樣主動開放的成長態度，我相信也是姜珮成功的關鍵之一。在藍月計畫的社群中，她總是非常主動回應所有後輩的提問，甚至自己也會提出問題來請教大家，這讓她減少許多糾結的時間。有些人一糾結就是幾年，但她可以透過請教、詢問和做功課，短短幾週就可以找出自己的答案，甚至把這些結果分享給需要的朋友，這種「持續扎實地進化與成長」，確保她的發展只會向上，很值得大家學習。

姜珮的故事從一個簡單的需求開始，隨著對這個領域的深入研究和實踐，逐漸發展成一個影響深遠的事業。她育兒的第一年充滿挑戰，與孩子的睡眠問題鬥爭著，身心疲憊的她偶爾寫專欄以賺取些許稿費。然而，她沒有被困難擊倒，而是選擇進修成為專業顧問，並透過網路平台分享她的知識和經驗。隨著越來越多的父母受到她的幫助，姜珮的事業也逐步擴展，從個人顧問到開設線上課程，再到培訓其他顧問，一步一腳印地走出屬於自己的成功之路。

這個故事告訴我們，選擇一份適合自己的工作，不僅能夠實現自我價值，還可為家庭帶來更多的幸福和滿足。她透過自己的努力和堅持，將一個簡單的痛點需求，轉化為一份充滿愛心和專業的事業，不僅改變她自己的生活，也幫助無數家庭找到解決孩

子睡眠問題的方法。

　　總結來說，姜珮的故事是關於愛、堅持和專業的結合。她用自身經歷告訴我們，只要找到適合的道路，並且不斷學習成長，無論面臨多少挑戰，都能實現自己的夢想生活，為家人和他人帶來幸福與回饋。她的事業和生活平衡之道，非常值得學習呢！

## 姜珮小檔案 ╱

姜珮的事業品牌「好眠寶寶」，旨在透過科學方法，有效協助孩子建立健康的睡眠習慣，提供的服務內容包括：一對一諮詢、線上課程以及好眠師認證班。

**「好眠寶寶」官網**：https://mybabyzzz.com
**「好眠寶寶」FB**：https://www.facebook.com/mybabyzzz
**「好眠寶寶」IG**：https://www.instagram.com/haomianbaobao

### Superpower：
### 保有同理心，扎實地成長與進化

　　面對自身的痛點，姜珮不但沒有被擊垮，反而由此出發，到處找資源和學習。她是一位很棒的學生，同時是個更棒的老師，如此持續地成長進化，讓客戶與朋友都對她無比信賴。

在事業與家庭間找到平衡策略

# 中小企業的共享品牌長——Cynthia

　　Cynthia 是一位專業的事業品牌發展顧問，專注於協助企業和個人品牌打造獨特且具有競爭力的品牌形象。她不僅幫助企業從品牌定位、願景使命核心價值到 4PC 策略等多方面進行全面提升，還協助他們制定品牌獲利結構和行銷預算配置。她與客戶長期合作，陪伴他們一路成長，提高事業的整體獲利。她作為事業品牌發展顧問，幫助中小企業打造品牌、盤點優勢、實現長期獲利，同時輔導個人公司和專業工作者打造個人品牌獲利模式，協助多家企業轉型、二代接班和拓展新市場，被稱為台灣中小企業的「共享品牌長」。

　　Cynthia 的工作時間主要是早上 9:30 到下午 5:30，偶爾晚上也會安排課程或會議。她的工作地點非常靈活，幾乎可以在任

何地方進行。儘管這份工作讓她感到忙碌，但她對生活步調感到滿意，並且收入也達到基本目標。

成為媽媽後，Cynthia 選擇了自由職業而非固定工作，這主要是因為她希望能夠有更多彈性時間陪伴孩子。她認為傳統上班族的收入有限且時間受限，因此決定跳脫職場框架，尋找更適合自己和家庭的收入模式。

Cynthia 的專業背景非常豐富，在外商品牌管理方面擁有約十五年的經驗，並且在全球百大外商和本土大型集團、藥廠等多個領域工作過，這使她在品牌策略運營上擁有深厚的積累和獨到的見解。此外，為了更完善地輔導客戶，她還學習了教練學課程，並計畫今年取得國際教練聯盟（ICF）的認證教練。她也報名了國際創業課程，希望能用國外創投的眼光來支持台灣中小企業。

過去，Cynthia 的事業發展經歷了一段捉襟見肘的時期。小孩三歲前，她還在職場擔任品牌主管，工作壓力大且時間長，有時甚至一個多星期看不到孩子。在一次崩潰痛哭後，她決定開始斜槓，嘗試接案做品牌發展顧問。這段時期她非常忙碌，常常擔心無法平衡生活和工作，甚至經歷過家庭革命。但她始終努力面對並解決這些問題，因為她很清楚自己不想成為全職媽媽，仍希望能有自己的發揮空間。

在努力之下，Cynthia 開始接到更多機會和課程，最初只是小型的案子，後來數量越來越多，案主的公司規模也越來越大。

最終審慎評估後，她決定離開職場，成立自己的公司，逐步發展，也開始承接產業指標性企業和二代接班品牌的案子。

今年，她已經成立第二家公司，同時也安排了一些海外考察，計畫往海外發展。

選擇為自己工作，讓 Cynthia 在母親的角色上受益良多。她擁有彈性的工作時間，能夠陪伴孩子成長，並且拓展了視野，有很多故事可以與孩子分享。這讓她的孩子更勇於嘗試和面對挑戰，成為一個早熟且富有創意的孩子。現在的收入並不如過去在公司上班的穩定，儘管總營收不錯，但仍存在起伏和風險，有著一定的壓力。然而，Cynthia 在其他生活與成長方面都感覺非常滿意，甚至期待好還要更好。

## 凱若說：在當下認真，未來將成為發光的「支點」

我在幾年前認識 Cynthia 的時候，她已經離開原本的公司，但還未真正發展起自己的事業，可以說是在一個蠻卡關的時刻（我想人人都有這種時候吧）。她是個非常優秀的「學霸」，那種二十歲出頭就可以拿到台大博士學位的厲害角色，但仍舊懷疑著自己是否能夠做成些什麼。我們聊過很多次，也共同合作一些專案，她逐步找出了自己最關鍵的能力，就是為品牌梳理出能夠獲利的方向與策略。緊扣著這個主題，加上廣結善緣，參與商業

組織並且投入付出，短短幾年就得以站穩腳步，而且發展可期。

這故事也告訴我們，過去種種的專業訓練，只要我們真正在當下認真做好，累積起專業知識與經驗，未來都有可能成為我們發光的「支點」，槓桿出極大的成績。Cynthia 一直是個非常惜福感恩的人，這點也讓她一路上得到許多貴人相助，並且持續為她帶來更大的案子。

我很相信正面循環的力量，能有一個起點很好，但能夠在路上沿途累積善緣，才能走得長遠。你也有什麼過去的經歷與學習嗎？肯定有的！將這些能力好好盤點一下，找出你真正做得開心愉快的那件事，認真去做就對了！

總結來說，Cynthia 透過自身的努力和專業知識，成功地在事業與家庭之間找到平衡。她善用自己過去認真工作累積的專業，加上強大的助人之心，讓她的事業發展越來越有成。不要小看過去或現在職場的訓練與人脈，所有一切都是累積，都能夠在未來產生極大的效益。

## Cynthia 小檔案 /

Cynthia 是一位事業品牌發展顧問，專注於幫助企業和個人打造具有競爭力的品牌形象，並提供全面的品牌策略和行銷規劃服務。

**「義華才」品牌顧問官網**：https://yhtbrand.com

**「不只是媽媽 Cynthia」FB**：
https://www.facebook.com/CynthiaLifeandWorld

**「不只是媽媽」讀書會群組**：https://line.me/ti/g/rY_JGQONkz

**Cynthia FB**：https://www.facebook.com/hsinyi.huang3

**Cynthia IG**：https://instagram.com/cynthiapuppy_huang

### *Superpower*：
### 把一切事情做到最優化，懷抱助人之心

　　Cynthia 本身已經非常聰明優秀，但她仍舊百分百敬業地把每一份工作（無論多小）做到極致。雖然這樣的個性也會帶給她一些壓力，但是她能夠讓別人對她有一種信心：事情交給 Cynthia 就會辦好。加上她有很強大的助人意願，這讓她得以在商業組織中擁有好名聲，成為資源中心。當然，在她育兒生活上，也善用自己的 superpower 教導女兒成為既有想法又溫暖的女孩。

## 身兼房產專家與母親的多面人生

# 英格蘭房地產
# 投資人──YL

　　YL 在家創辦了「YL 的英倫房產課：YL Property」，是專業的英格蘭房地產投資人，同時也是一位用心經營家庭生活的母親。她在英國擔任房東已有十一年，擅長以低於市場價值的價格購買房產，並獲得高於市場平均投資回報率的成果。

　　除了自己投資之外，她也協助和指導期望購置英格蘭房地產的買家，提供資訊、課程與諮詢服務。房產投資是「選擇比努力重要」的領域，在購房的關鍵時刻協助買家做出當下的最佳決策，是YL 能提供給買家的價值所在。但對她來說更重要的是「家庭」，而房產投資是她評估後最能夠自由安排時間、陪伴孩子，並且能有豐足長遠收益的事業。

　　她的工作地點主要在家中或倫敦，工作時間集中在小孩學期間的週一至週五的上午 9:00 到中午 12:00，通常每週工作四天，有時需要稍微加班到下午，但一定會在接孩子放學前結束工作。每年小孩學校放假的十八週假期，她很少工作，而是用心安排度假或旅行，創造出充實的親子回憶。她感覺到自己現在的生活步調適當，不疾不徐，能夠兼顧工作與家庭，特別是在孩子年幼需要她更多關注的階段，她希望自己能夠嚴守著這樣的優先順序，而她也做到了。

　　在成為母親之前，YL 就已經在從事房東的工作。這份工作需要的工時很低，讓她能夠靈活安排時間。隨著孩子上學，她開始有更多的空閒時間，決定開啟第二事業——房地產線上課程和諮詢。這一決定源自她在房地產投資中的成功經驗：她多次以低於市價的價格購房，發現自己在這方面確實有天分。因此當房東超過十年，她積累了豐富的經驗後，開始將這些知識轉化為線上課程和諮詢服務。她也不斷在這個領域精進自己，獲得英國房產買賣 MNAEA Level 3 證照，並固定參加房產投資人的定期聚會，以隨時更新市場資訊，提供她的諮詢對象最即時的英國房產消息。

　　許多人認為成為在家的全職母親後，就得要放下工作，但其實只需要調整一下工作的模式並且重新安排時間，還是可以兼得的，YL 就是榜樣。成為母親後，YL 的事業發展並沒有停滯。她還在 2023 年完成了一本由自己家庭的政治受害經歷所寫的尋

根之書，這是她人生中的重要里程碑。完成這本書後，她決定接諮詢和開設線上課程，以實際行動幫助那些需要她幫助的人，並透過這些服務獲得金錢上的肯定。她表示，金錢是具體的感謝，讓她感到非常滿足。此外，她把自己的工作時間完全配合孩子的學校時間，每天親自接孩子放學，並在回程路上與孩子聊天，享受親子時光。這樣的日子讓她感覺到有意義並且充實愉快。

當然，這份工作也有其挑戰。由於她的時間原則，促使每日的工作量有限——剛開始她曾同一天內排了五個諮詢，結束後則感到非常疲憊。因此現在，她將每天的諮詢量控制在三到四個以內，並使用 GTD（Getting Things Done）的時間管理策略，和一些專案管理、自動化工具如 Notion、Calendly，來降低處理行政瑣事的時間。

總體來說，YL 對這份工作的多方面感到滿意：對收入感到滿意，對時間的自由度、與家庭生活的融合度非常滿意，對自我肯定與自我實現也感到滿足。

## 凱若說：感性選擇，理性執行

YL 是我藍月計畫正式開啟後的第一位學員，當時我連簡章都還沒做好，她看到我的貼文就決定寫信給我，由此就可以看出，YL 真的行動力十足。我常常說，她就是屬於那種夢想和行

動之間距離極短的行動派，不會讓自己的情緒或感受左右該做的事，這點也讓她無論做什麼決策或計畫，都可以非常有效率。

她先決定了可工作的時間，然後選擇適合這些時間的工作方式。她每天都能親自接孩子放學，放假時也能陪伴孩子一起探索世界。她的額外收入更像是生活中的點綴，不影響生活的基本品質，但讓生活更加豐富多彩。她以「感性」出發（想要陪伴孩子，希望時間自由），但以「理性」執行。

「感性選擇，理性執行」這也是我時常分享給許多媽媽學員的心法。當決定做什麼之前，先感性地體會對自己最重要的部分；但是一旦確定人生順序後，就要用理性腦去計畫和執行，不讓這些情緒過度干擾、阻礙前進。

對於 YL 來說，她優先決定了自己的順序和想要的生活方式，接著才開始以這個原則來選擇創業主題和規劃事業發展，這讓她無論怎樣走，都不會走上一個讓自己後悔的道路。這是新時代創業者很常見的思維，與過去以事業為首位，犧牲家庭與健康去創業的舊時代創業者思維，有很大的不同。

在許多諮詢學員身上，我都看到這樣的「新創業家」特質，而他們同樣也獲得了收入上的成功，或許不一定能夠將自身潛力發揮到極致，但問問我們自己：為什麼要做這一切呢？是為了生活而創業，還是為了事業而生活？這是在 YL 的故事中，我希望大家多多思考的。

## YL 小檔案

YL 是專業的英格蘭房地產領域顧問，提供房地產相關的購買資訊、諮詢與線上課程等服務。

**「YL 的英倫房產課」官網：**https://www.ylproperty.uk
**「YL 的英國買房裝修＆出租心得」社團：**
https://www.facebook.com/groups/ylpropertyuk

### *Superpower*：
### 堅持信念的超強行動派

　　YL 本身的個性就是一個果決又能夠做出清楚決策的人，她的邏輯分明，做起事來簡潔有力。她遇到問題時，總會當作是個「待解決的專案」，相較於許多人的停滯不前，YL 在此時反而會做更多的功課，讓自己充分獲得資訊，以做出理性的決策。

　　當然，這樣的性格也容易讓她比較難理解其他人做決策時的糾結。在提供購置房產諮詢這個事業上，她除了可以發揮自己理性的特長，為無法理出頭緒的購屋人提供資訊與支援，對她本身來說更是個學習的機會，有助於理解其他人無法如此果斷的原因。

興趣變現，從外商菁英到自我實現之路

# 手工皂推廣與講師
## ——朵莉絲

　　在充滿挑戰與成就的旅程中，每一個轉折點都像是命運的刻意安排，而朵莉絲的故事正是如此。朵莉絲是一位手工皂講師，她的事業不僅僅是一份工作，更是她對生活方式的選擇與堅持。

　　朵莉絲有一個已成年的女兒，算是可以安穩做自己的階段，但對她來說，人生還有更多值得體驗和追尋的。她的「朵莉絲慢手作」不只是一間手工皂教室，也培育手工皂老師，幫助其他對手工皂有興趣的朋友由此創業。她的工作內容包括教學、寫文案、商品攝影、課程行銷、設計與試作新課程，以及課後為學生作品進行處理和寄送。小小的工作室，需要做的事情五花八門，也讓她學習了許多。此外，她還會不時參加新課程的進修，增加

不同的專業觸角。

目前她每天大約工作六小時，星期一和星期四休息，這讓她有時間去安排其他的活動，例如跑步、與先生出外踏青、旅遊等等。她的收入已經達到基本的目標，但仍希望能有更好的發展。日子雖然忙碌，但生活步調還挺令她滿意。

朵莉絲之所以選擇自己開手工皂教室，背後有一段故事。在二十多年前生下女兒後，她仍舊在外商公司上班。外商公司的福利好、休假多、薪水高，讓當時的她非常滿意。然而，在女兒小學五年級時，由於客戶倒閉，她因所在的部門被遣散而頓時失去工作，這讓她感到非常挫折。

她回憶起上班期間曾利用假日學習手工皂，並取得師資證書，而且曾在下班時間開過手工皂課程：當時的她在網上看到渲染的手工皂，對那美麗的線條和顏色驚豔不已，於是立即報名手工皂課程。在學習的過程中，她發現手工皂的變化多端，打破了原本對手工皂的刻板印象。打皂成為朵莉絲的興趣，並投入大量時間和金錢進修相關課程；加上她從小就想當老師，因此決定在業餘時間開課，將手工皂分享給更多人。

這讓朵莉絲萌生「將興趣變現」的想法，便在 2013 年開始手工皂教學之路。起初，她在臉書創立粉專招生，與咖啡店租借場地，克難地進行教學。經過第一次教學後，她逐漸建立信心，朋友也介紹了一個可以長期租借的場地，讓她的教學環境更上層

樓。由於女兒還小，她每週只開一班課，但每次都是額滿狀態。為了擴展市場，她參加了多場市集和企業活動，如百貨公司活動，甚至跑到高雄或新竹，也參與台灣女性藝術協會的展覽活動。直到 2018 年，事業都很順利。

然而，2018 年後，手工皂教學市場競爭激烈，招生愈加困難，有時甚至掛零，讓她非常挫敗。2021 年，她決定離開教學回到職場，雖然順利找到工作，但因當時的她個性太直接而與老闆起衝突，結果又被遣散。這個再次離開職場的過程，讓她十分難過與失落，經過一段時間療傷後，她決心重返心愛的手工皂教學。

每次回到手工皂教學都是來自外界的原因，這讓朵莉絲覺得老天已經給了她明確的訊息，於是決定順其自然繼續教學。剛開始困難重重，因為她不知道如何讓更多人看到她的課程，也不清楚如何行銷。她先後找了兩位諮詢教練，雖然成效不如預期，但方向更為明確。最終，她決定租下自己的工作室，這讓她更加努力招生；同時，還加入凱若藍月計畫的諮詢學員行列。

朵莉絲加入藍月計畫後，慢慢學習開始與其他粉專互動交流，認真撰寫每篇貼文，並排定課程行事曆。隨著努力，報名人數逐漸增加，到 2023 年，她的收入從負數轉為正數，並逐步達到目標收入。今年 2 月，她的收入甚至超出目標。這一路走來，既漫長又不容易，但她終於看到了曙光。

對朵莉絲來說，選擇擁有自己的事業最珍貴的就是能自由分配時間，將課程安排在不影響家人的時段。女兒還小時，她可以在女兒下課回家時，為她準備熱騰騰的飯菜，並保留更多時間陪伴女兒。當女兒讀大學後，她將重心轉移到教學上，與女兒分享工作，並請女兒給予建議或幫忙製作 logo，女兒也成為她的創業小顧問。

當然，這份工作也有其辛苦的一面。因為是一人工作室，所有工作包括行銷、發文等都需要自己來做，這讓她心力消耗較大。遇到招生不順或營運不佳時，她會感到低落與焦慮；尤其當周遭親友不理解她的工作時，會讓她感到挫敗。然而，這些困難反而激發了她的戰鬥力，讓她更加努力地工作。

## 凱若說：落實行動，走出自己的一條路

朵莉絲是在藍月計畫的學員中，年紀較長的姐姐。從故事中可以知道，她其實在外商公司可以有很好的發展，但她總是希望做自己，做自己喜歡的事。這樣的心情許多人都有，也很期待將興趣變現，但是朵莉絲進一步化為真實的行動，落地執行！每每我看到這樣的姐妹，都會十分感動。因為我明白，這一路上會有多少恐懼和懷疑，畢竟回到職場乖乖上班工作，並無不可，但要走出自己一條路，卻是非常不容易的。

　　我非常欣賞朵莉絲逐漸願意放下自己的過程。她擁有非常多的職場經驗，卻要一直面對層出不窮的新平台、新功能，新的競爭對手，持續學習新玩意，面對新的挑戰。對於已經有一定資歷與年紀的人來說，許多人可能會堅持己見，不願意嘗試，但在諮詢的過程裡，每次給予她意見後，總是會看到她的嘗試與努力。對我來說，這就是成功的種子。

　　朵莉絲的孩子已經長大，她也到了人生較為輕鬆的階段，讓人好生羨慕啊！但也就是在這個時刻，特別希望用自己的方式來經營事業。我常告訴她：「工作室，要用自己喜歡的方式佈置；招生，要用自己舒服的方式招生。」既然過去已經花這麼多人生歲月做別人要我們做的事，何不在這個時刻，利用這個機會，活出自己想要的樣貌呢？

## 朵莉絲小檔案 ╱

「朵莉絲慢手作」主理人朵利絲擁有十年的手工皂教學經驗，並協助培育有志於手工皂創業的人。她希望每個人都能找到自己熱愛的事，並因此散發自信光芒。

**「朵莉絲慢手作」官網：** https://dorishandmade.tw
**「朵莉絲慢手作 手作療癒所 Doris'」FB：**
https://www.facebook.com/dorishandmadesoap

### *Superpower*：
### 堅持做自己，活出想要的模樣

　　從朵莉絲的故事中，可以看到她擁有堅韌不拔的毅力、對興趣的熱愛與執著追求，以及在逆境中不斷自我調整和學習的能力。她能在多次挫折後重新站起來，並將自己的興趣轉化為職業，不僅實現了自我價值，還在生活中找到和諧的平衡。

　　這樣的特質也會讓她在面對其他人與自己不同的想法和要求時，比較難以接受和妥協。然而，她選擇了屬於自己的事業，並且是一個可以發揮自身創造力和影響力的角色，這讓朵莉絲可以十足地做自己，同時在與學員互動的過程中，得到「幫助別人也可以活出自己」的滿足。

結合經歷與技術，打造成功的家庭與職涯

# 領導力教練
## ——莉莉安

　　在現代社會，女性的角色不斷演變，但仍有許多女性不僅要承擔家庭責任，同時也希望在職場追求自我實現，這真是不容易。中間還要經過婚姻的磨合、自我的成長，揉合許多元素，才能進化成新的物種。莉莉安就是這樣一位傑出的女性，她透過堅持不懈的努力，面對婚姻與家庭的諸多調整，加上她對教練學的熱情，多年累積下來，如今成為一名優秀的領導力教練（Leadership Coach）。

　　莉莉安自大學畢業後就選擇創業之路。她在創業的前十年裡，協助了超過六十個服裝設計師品牌建立與商品開發，無論在國內還是國外，都取得不錯的成績。她對支持他人完成目標有著莫名的熱情。然而在成為母親後，她不僅要照顧孩子的成長，還

要兼顧自己的事業，因而感覺到捉襟見肘，非常辛苦。當時她的服裝事業尚未穩定，每日勞累於公司與育兒之間。事業雖逐漸步入正軌，卻發現沒有太多時間留給自己；孩子的爸爸基本上沒有提供太多幫助，這讓她更加疲憊。隨著時間的推移，這段婚姻也畫下句點。

同期間，莉莉安接觸到教練學，這成為她生涯的重大轉折點。在導師巴巴拉・費根（Barbara Fagan）的指導下，她學到如何深層支持每個人都能創造人生結果的專業方法。徹底地學習並鍛鍊教練學，讓她的人生走入一個新的階段。2018 年，她全心投入這個領域，至今已有超過 2,500 小時的企業指引時數，協助許多企業領導人提升企業體質，建構企業文化，並提高人員自動化能力。2023 年，莉莉安創辦了教練與導師學院，專注於培育更多專業教練。她希望能夠看到更多對支持他人創造結果有承諾的人一起前進。這不僅是她事業的一部分，也是她對社會的一種回饋。

她主要的工作地點都在台灣，而由於工作時間靈活，讓她能很順利地融合生活與工作，以便自行掌握及妥善安排時程。由於教練學的專業，她能從內在核心支持自己，這不僅幫助了自身，也幫助兩個進入青春期的女兒，促使母女三人非常親密。

在早期，莉莉安曾因憂鬱症與自律神經失調而困擾許久，但教練學的鍛鍊，讓她提升了自我覺察和內在領導能力。雖然教練

學不是諮商，但她能夠領導自己的身心，現今已能與這些困擾共存。在專業精進的過程中，她同時也能夠運用這些學習，來幫助育兒和家庭的營造，這也是媽媽創業的另一個優點。

然而，這份工作也有其挑戰和辛苦之處。事實上，這項專業對大多數人來說非常陌生，即使教練學在 1970 年代就存在於世界上、2008 年全世界最大的教練認證單位 ICF 來台灣開設培訓課程並授證，但在亞洲地區，仍然是許多人不熟悉的領域。因此最初推廣教練學時，溝通成本非常高，與當地文化也有許多尚未融合的地方；如今，市場上有許多人自稱為「教練」，但從事的大多是顧問或培訓老師的工作，這造成許多混淆。因此，莉莉安選擇重新創造自己的體系，一個能與當地文化共存的教練體系，才能有效拓展至國際，並真正落地實用。

在專業上，莉莉安以教練學為基礎，協助企業主與高階管理者發展卓越的領導能力。透過客製化的指引和持續支持，她培育出自信、適應性和創新力，以因應日益複雜的商業環境。她的目標是啟發他人的潛力，引導其實現組織和個人的成功。而在家庭上，雖然曾面對離婚過程，但莉莉安運用自己專業所學，加上可以調配的工作時間，讓自己與女兒們關係更加緊密，也幫助自己的身心保持健康。

這份工作帶來的收入、時間自由度、家庭生活融合度、自我肯定與實現、社群互動與友誼、家庭與親密關係等，都讓莉莉安

感到非常滿意。這也是她多年努力下的成果。

## 凱若說：直面任何挑戰，勇於改變

　　莉莉安的故事是一個充滿勇氣與智慧的例子。她一直都有著「創業魂」，也一直努力耕耘，然而人生中總有一些無法與夢想對齊之處。她並沒有因為這些困難而放棄自己所望，毅然而然做出調整，無論在家庭關係或在事業上，莉莉安不怕果決地改變，這反而為她帶來新的契機。

　　許多人面對生活中讓自己不愉快也不滿足之處，寧願將就，也不願意調整，一輩子過去之後，反而留下許多遺憾。莉莉安的經歷告訴我們：有些變化或許當下感覺痛苦，也可能挑戰無數，但是如果清楚自己所求所想，做下決定去改變，都還是有機會翻盤的。

莉莉安小檔案 /

莉莉安是「雍碲教練與導師學院」創辦人，以教練學為基礎，協助企業主與高階管理者發展卓越的領導能力。透過客製化的指引和持續支持，培育出自信、適應性和創新力，以因應日益複雜的商業環境。啟發潛力，引導實現組織和個人的成功。

**「雍碲教練與導師學院」官網：**https://yd-coaching.com
**「雍碲教練與導師學院」FB：**https://www.facebook.com/YDCMA.tw
**教練領導力課程：**https://coach-lillian.com/leadership-class

## *Superpower*：
## 不怕打掉重練！每一個轉彎都能創造新機會

不怕人生轉彎，是莉莉安擁有的特質。雖然當下都不容易，但她能找出一個新的機會點。從創業支持服裝設計師品牌到全心投入教練學，從離婚到與女兒關係改變，她從沒有在遇到挑戰時對未來失去希望，而是調整自己，運用新的角度和觀點，重新出發。

## 從孩子需求，到多元設計品牌創立

# 室內專案設計師
# —— Joan

　　Joan 是一位成功的室內專案設計師，雖然謙虛的她總認為自己的公司很小，做的事情也不是什麼大事業，但在我眼中，她擁有我所認識的最美靈魂之一，而她的客戶也同樣感受和支持她。這就是她的祕訣和特色：不大張旗鼓，卻總有源源不絕的好客戶上門。

　　Joan 創業多年，但一直都維持一人公司的形式經營。她可以在家裡、施工現場和咖啡廳工作，靈活的職場使她能夠兼顧家庭和工作。她有兩個現在都已成年的孩子，而過去他們上學或入睡後，便是她工作的時段。走過這樣的艱辛路，收入已經達到基本目標，但是她仍舊有夢，繼續前進。

　　Joan 從日本商業空間設計學院畢業，擁有專業的日文資格和設計背景。從老東家離職後，她便開始接手品牌空間設計的工作，同時在客戶的輾轉介紹下，業務範圍逐漸擴展到商業空間和住宅設計。她還與一些日本設計公司合作，參與大型案件的口譯和專案合作。為了提升自身專業能力，她也考取了國家室內設計和裝修工程證照，並獲得了無障礙空間、綠裝修等資格認證。

　　她很早就成為母親，由於聽損的孩子需要早療，她決定離開職場並開始接案。她曾經考慮回到職場，但設計業的高強度工作和加班文化，讓她難以兼顧家庭。雖然沒有大公司背景的保障是她的一個遺憾，但也因為她選擇創業，獲得更多的時間自由和對家庭的照顧。

　　當孩子還小時，Joan 主要接品牌設計案，只負責繪圖設計。然而，隨著案子越來越多，她的身體和時間負荷逐漸增加，必須在事業和家庭之間做出取捨。不過，在孩子上學後，她的時間變得比較充裕，便能夠依照喜好選擇工作項目，例如接櫥窗陳列和專案口譯等工作。現在孩子已經長大，Joan 常讓孩子成為她的幫手，讓他們體驗工作並發揮特長，例如將女兒的創意畫作展示在客戶住家中。

　　在家創業的選擇，對她作為母親的角色大有幫助，她可以兼顧家事和工作，自由安排時間，參與孩子的學校活動，為孩子準備愛心便當和晚餐，陪伴他們成長學習。她回憶起自己小時候羨慕有便

當的同學，現在她可以為孩子準備愛心便當，感到非常滿足。

　　然而，Joan 的創業之路並非一帆風順。早年在家工作，常會遇到來自長輩親戚的不理解，認為缺乏保障，容易被誤解為在家閒著。作為一人公司，所有大小事務都需要自己處理，沒有助理幫忙，也沒有人可以討論和協助，尤其在生病時，只能一再向客戶道歉；有時，客戶會誤以為可以隨時聯絡她，因而曾有人從晚上 9:00 談到凌晨 3:00，因此她學會了設定個人的營業時間。另外，沒有同事陪伴，需要學會享受孤單；如果不主動向外學習新的事物，容易成為井底之蛙。

　　整體而言，目前 Joan 對這份事業帶來的收入、時間自由度、家庭生活融合度都感到滿意，也希望能夠開拓自己的人際網絡，獲得更多資源，這是她在孩子長大之後努力的方向。現在，Joan 希望能夠發揮自己的眼光，挑選空間用品並成立設計品牌。

　　她相信，一個人的工作可以是多元化的，可以挑戰自己感興趣的事情，並從中獲得成就感。她也期望幫助更多的客戶創造理想的空間，同時維持對家庭的照顧和參與。

## 凱若說：依據喜歡的模樣，捏塑自己的事業

　　Joan 對凱若來說，是個很珍貴的存在，因為她是國小同學，也是到現在還有聯繫的朋友中認識最久的，情誼不因時間而消

逝，反而更加堅定。Joan 一直都是溫暖的存在，永遠做一個支持者的角色，不求自己的曝光或名聲，只希望把客戶所託做到最好。因此只要認識她的人，就會一直不斷把案子介紹給她。

很多人誤以為創業就需要大張旗鼓，張牙舞爪與人相爭，但 Joan 完全不走這個套路。我認識她將近四十年，她一直都是如此輕聲細語，細緻關心。我回台灣有時活動滿檔，她便會在旅館房間等著我，只為了和我說上幾句話，給個擁抱；她甚至關心我的父母，觀察他們的喜好而送上了盆栽，這並不是出自任何生意上的出發點，只因為他們是我關心的人。因此，當我父母要進行家中的裝修裝潢，第一個就是想到她；所有身邊的人只要有這些需求，我們也肯定拍胸脯推薦 Joan。對我來說，這才是最好的「廣告」。

Joan 的故事讓我們知道，並不是所有的創業人都是 A 型性格——衝刺不回頭，也有這樣細水長流，做著自己喜歡和擅長事情的創業者。這也是在家創業的好處，我們總是能夠依據自己喜歡的模樣，捏塑自己的事業。

## Joan 小檔案 ╱

Joan 是「初色製作」的創辦人，專注於商業空間、住宅空間、辦公空間、展場空間、百貨專櫃和品牌專案的設計規劃與軟裝陳列。

**Joan FB**：https://www.facebook.com/joan.lo.0201

**「初色製作」IG**：https://www.instagram.com/inic.design

### *Superpower*：
### 柔即是剛，用最真誠的心待人

　　Joan 全身上下散發出真誠與謙遜的能量，而這就是她的 superpower。但她有時也會感覺自己不像其他在檯面上說話大聲的創業者而有些害怕。室內裝潢與櫥窗設計是需要極高「信任感」的產業，因此她只需要穩穩地做好自己，並且穩固這些既有客戶，就能長長久久，永遠擁有屬於自己的一片天。

## 擁有三國執照，菁英人生大轉彎

# 國際語言顧問
## ——火星瘋媽

　　從「火星瘋媽」這個稱號，就可以知道 S 的特立獨行，也可以感覺到她必然擁有精彩的生活，事實也的確是這樣。S 充滿熱情與才華，是我認識朋友中最聰明的那幾個之一，而她也妥善運用了自己的天賦，很年輕就拿到了三張（美國、台灣、南非）會計師執照，並且有著很順利的職涯發展。但她在有了兩個寶貝女兒之後，深知自己的工作無法給予自己自由的時間來陪伴孩子成長，因此決定離開職場回到家庭。她是絕對不可能只待在家做家庭主婦的人，但也沒有很大的野心一定要成就些什麼。

　　很偶然的一個訊息到來，好友需要專業商業文件的翻譯，而 S 以會計師與語言的能力輕鬆地完成這份工作，甚至還能夠提供

額外的專業建議，讓朋友相當佩服，並告訴她這絕對會是市場的缺口——因為一般的翻譯肯定會被 AI 取代，但她的專業不只是語言翻譯，更能從這些生硬的財務文件中，看出公司會計與營運的需求點，以及該如何專業呈現，能幫助客戶優化自己的事業體質與對外報表。她此時才發現，或許自己可以結合這些能力，服務這樣的特殊市場。

年輕時期的 S 對語言和文化有著濃厚的興趣，並在許多國家包括南非、美國、澳洲、台灣、中國等地工作過。這些多方面的經驗與專業，讓她熟稔跨國公司在財務與會計方面的需求，加上多年來在大型企業與事務所累積的人脈，因此從她一開始創立語言顧問公司，就獲得許多客戶青睞，指定年年都要她翻譯財報年報，甚至進一步擴展到國際性項目；後續，她還擔任上市公司的獨立董事。或許完全無法想像，其實 S 多數的工作時間，都可以在家裡完成，所以她常笑稱自己是「睡衣創業」的代表呢！

S 的工作地點主要是在家中，但她也會根據客戶的需求，前往不同的地點。作為語言顧問公司的創辦人暨執行長，她的工作內容涵蓋了語言培訓、翻譯服務、文化交流等多個方面。她的工作日程非常靈活，甚至已經因為駕輕就熟，而開始主動尋找更多有趣的事情來做。透過這份發展數年的在家事業，她目前已經達到基本的收入目標，但依然希望能有更讓自己熱血沸騰的發展，得以發揮自己的潛力。

雖然已有很不錯的創業成績，但 S 並沒有停止往前──她把一個不斷成長的母親，當作給予孩子最棒的禮物和傳承。在二女兒出生時，她到台灣大學讀 EMBA 碩士，之後到美國哈佛商學院修習高階管理領導課程。這些都在她身為母親的角色時發生，因此也讓女兒們知道，自己可以是一個關注家庭和孩子的媽媽，卻仍舊保有自我的事業與成長。

對事業上有著很好發展的 S 來說，更重要的成就是兩位女兒。正值青春期的她們，成熟又自信，就如 S 一樣，無論在學業、語言或音樂上，都有很優秀的表現。S 時常在自己的 podcast 《嗨～火星瘋媽！》中與女兒對談，當我聽著母女倆的對話，時常驚訝於年輕一代獨特又有見解的想法和好口條。

整體來看，這份工作讓 S 能夠自由安排時間，根據孩子們的學校和生活調整自己的工作排程，確保可以參與孩子的重要時刻，例如學校活動，並陪伴她們成長。這些都是她在傳統工作模式下難以實現的。

## 凱若說：貼近己心，認真投入

與我認識很長一段時間的 S，是我經營婚禮顧問公司時的客戶，後來漸漸成為好友，特別於她在家工作進而創業的過程中，我們時常有很多交流，或許我在其中也推了一把。在我之前幾本

在家創業的著作中，她的故事也出現過很多次。

　　S 其實完全不需要另外「貼補家用」，算是所有案例中最沒有創業「需求」的，但她也讓我看見，人並不是單純為了金錢才會希望擁有自己的事業。有許多人持續做著自己喜歡的事，是因為在過程中擁有「我可以」的成就感，以及對其他人產生價值（而後轉換成收入）的滿足感。

　　她仍舊持續在追尋自己喜歡的目標與專案。對她而言，無論選擇任何一件事，她幾乎都能做得很好，但選擇哪一件事才是最好？其實，貼近己心就是最好的選擇。她在孩子非常需要她的階段，認真投入在孩子身上，我們也看到她的孩子們成長得落落大方，優秀善良。下一個階段會是什麼呢？我非常期待。對於 S 來說，人生充滿無限可能性！

火星瘋媽小檔案 ╱────────────────────

S 是「旭亞國際語言顧問」的創辦人暨執行長，工作內容涵蓋了語言培訓、翻譯服務、文化交流等多個方面。

**「旭亞國際語言顧問」官網**：https://jslinguistics.com

**podcast**：《嗨！火星瘋媽！》

## *Superpower*：
## 知悉自身獨特能力，找出利基市場

S 在成長過程中累積許多能力，而她懂得善用這些「能力組合」，推出獨特的市場服務。她總是在想著：這事情為什麼一定要由我來做？我要如何做得更出色？這個 superpower 使她得以在任何領域上發展得有聲有色。

當然，要能像 S 這樣掌握每個專業真的不容易。但如果你也屬於這樣多才多藝的人，不妨學習 S 的思維，結合兩、三個不同的專業和能力，調配出屬於自己的獨特服務或產品吧！

## 花舞飛揚，無心插柳的創業路
# 品牌花藝師
# ——宥家

　　宥家的兼職創業生涯從 2011 年開始，當時她的大兒子才一歲，她利用上班之外的時間上課與經營網路百貨事業。就如許多母親一樣，她希望能夠有更多彈性的時間來照顧孩子，同時希望透過創業，實現腦海中理想的生活畫面，而不僅僅依賴固定薪水。

　　在這個過程中，她學到了上班無法給予的知識和思維，讓視野更寬廣，對問題的思考也更深入且更多層次。雖然初期經常面臨心理上的拉扯和對未知的恐懼，但這在她的人生中是非常值得的經歷和學習，也讓她在後續接觸花藝時更有勇氣與底氣。

　　隨著她邁入四十歲，孩子也已經長大，她開始萌生經營事業

不只是為了賺取更多收入，而是希望找到自己有熱情領域的想法。帶著過去職場、創業、育兒的多重養分，她在 2023 年正式離職，創辦了嶄新的花藝品牌：花舞飛揚。從此脫離兼職創業的生活，全職投入新品牌的經營。

回顧過往，2021 年 COVID-19 疫情升溫，古道熱腸的宥家為了支持花農，每週買鮮花回家插花，重拾對花藝的熱愛。由於實在充滿樂趣，她開始進一步研究花藝，並參加了美國芝加哥花藝設計學院（American Floral Art School）的考試，順利獲得 Academic Diploma 花藝師證照和 Lecturer Diploma 講師證照。雖然成為花藝老師並不是宥家一開始學花藝的初衷，但人生就是這麼神奇——當一個人具備某些能力後，老天自然就會幫忙開啟一道新的門。而她的無心插柳，更進一步將興趣化成一番事業。

宥家選擇創業項目的條件很簡單：靈活度，她希望能夠掌握自由的作息時間和空間。她的工作時間主要在孩子上課期間；由於剛創業，還希望自己能更忙一些、收入更好一些。她對這樣的生活方式感到很滿足，也覺得對身為母親的自己很有幫助，因為可以自由安排時間，而從創業所學到的自律和管理能力，也在教育孩子上非常受用。隨著孩子越來越成熟，宥家也能夠和兒子們分享創業過程中學到的心法，她感到十分滿足。

在起步過程中，顧客和學生不固定的消費，也讓宥家的收入變得沒有上班時期穩定，短期內對於生活多少有所影響。此外，

北部花藝市場競爭相當激烈，所有人都可以進入花市購買，這也促使宥家的設計作品容易被拿來與大批量產的商品一起比價，無形中增加經營壓力。

然而，創業原本就會有許多「狀況題」，而宥家之前兼職創業期間所鍛鍊的心理強度，有助於她面對這些挑戰。她有信心，只要持續在正確道路上前進，很快就會度過陣痛期，回到正軌。

## 凱若說：不被現實綑綁，嘗試你有熱情的事

我從宥家兼職創業的時候就認識她，她總是帶著正面的微笑，其溫暖特質讓我留下很深刻的印象。最近發現她開始經營花藝事業，非常驚喜。許多人會懷疑：「興趣能當飯吃嗎？」但宥家沒有掉入這樣的窠臼，反而大膽地全職投入，而且經營得有聲有色。

我時常告訴藍月計畫的諮詢對象：當你即將跨入人生下一個事業階段，決定自己創業時，或許先放下過多的「現狀分析」會是更好的開始，好好思考自己真正想要做的是什麼。一般而言，多數人原本就有一份穩定的工作，甚至有些選擇兼職創業的朋友還會持續有這份收入；如果同前述情形，其實還是可以在上班時間感恩著老闆和公司給予不愁吃穿的生活，接著在晚上或空閒時間，不要被現實所綑綁地嘗試自己真正有感受、有熱情的事吧！

當然，這樣的跨越需要勇氣。就如宥家所分享，她也經歷過很長一段「兼職創業」的時間。這段時間讓她在沒有經濟壓力之下去學習和嘗試，而在真正找到熱情時，可以有勇氣與底氣全心投入。如果你害怕一下子做太大改變，不妨參考看看。

宥家小檔案 ╱

對於「花舞飛揚」創辦人兼花藝師的宥家來說，花是療癒的，是令人心情愉悅的。因此，她想鼓勵每個人：帶一束花回家吧！

「花舞飛揚」IG：https://www.instagram.com/hsinya1204

### Superpower：
### 踏穩每個腳步，逐步往夢想邁進

宥家並不躁進：她希望把自己的孩子交給專業照顧，因而持續上班，讓孩子到幼兒園和學校學習；她有了第一個好的機會，並不是貿然跳下去，而是兼職創業多年，先累積經驗與底氣；她遇到新的機會，也給自己起步的時間和打氣。這些都顯示出宥家的確是深思熟慮的人，這樣的速度並不會暴衝，但也不會暴跌。好好踏穩腳步再前進，可說是宥家能常帶著微笑的原因呢！

## 從程式碼到親子教養解圖

# 工程師媽媽
# ──維妮

　　維妮是兩個孩子（四歲和兩歲）的母親。她在軟體工程師的正職工作之外，經營著自己的個人品牌「工程師媽媽」，致力於以「人類圖」來分析親子教養，與提供父母親相對應的合適書籍推薦。

　　維妮當了媽媽後，發現自己時間很有限，時常捉襟見肘，也發現當媽媽後竟然沒有了自己，因而決定找回自己，找到她有熱情、喜歡的事。這樣的起心動念，加上學習的熱忱，讓她後續得以用自己有興趣的主題，深入研究而成為專家，進而開創了個人品牌。

　　她目前白天的工作是位軟體工程師，主要負責撰寫 ERP 系

統,同時也學習專案管理,幫助使用者更順利地利用 ERP 系統。她的工作地點很固定,時間也是朝八晚五;但下了班,她總是希望能夠進一步成長,所以加入許多學習的團體,包括可以幫助她了解孩子的「人類圖」。

沒想到,人類圖大大幫助她理解自己的孩子,進而改善親子關係,也讓她的生活過得更愉快,因此也讓她對人類圖產生濃厚的興趣,更想要深入研究。她投入大量時間進修人類圖,並購買書籍自學。身為多年工程師的她,利用自己善於整理資料與知識的專業,研發出自己一套獨特的解圖和合圖的方法,身邊的朋友也開始向她請教,興起了她向這個領域發展的念頭。

同時間,維妮也在研究是否有機會經營一份事業,未來可以解放自己的工作時間與地點。一開始,她提供忙碌的朋友如何管理自己時間的撇步,也整合了自己兩次小產又備孕成功時收集和學習的知識與經驗,提供成線上資訊。但一直到以人類圖作為支點,才真正發展開來。她發現,結合自己所愛,所擅長的,真的是可以變現成功。幾個月時間經營下來,她也觀察到或許已經是可以離開職場的機會點,準備在很快的將來,成為全職的個人品牌經營者。

她身為忙碌的工程師,又是兩個小小孩的媽媽,還有這麼多想要完成的事情,時間當然是非常緊繃的。但她清楚這是自己想做的,而且知道這只是一個過渡期,因此心境上也算得上

安穩；加上她真的是「時間管理達人」，所有課程中所教授的都不是理論而已，而是她實務經驗與生活上的智慧。

維妮雖然空閒時間很少，但熱愛學習。除了學習人類圖之外，她還參加了幾堂 Instagram 的行銷課，發現自己擅長製作圖文，風格也受到很多人的喜愛，決定挑戰過連續九十天的每日更新，這讓她的帳號追蹤數迅速增長，並開始接到一些合作邀約，包括與鮮乳坊的互惠邀約，還有出版社的閱讀合作，如親子天下、漫遊者文化、采實文化等。她還參與了一些線上課程聯盟的合作，如 hahow 和 PressPlay 的合作推廣。

對於維妮來說，目前有一份穩定的工作與收入，給予她一定的空間去做嘗試。而先生的支持也給了她很大的力量。雖然在一開始，兩人的確需要做許多家庭分工的磨合，這也是她覺得最辛苦之處，但在兩人持續努力下，漸入佳境，找到平衡的婚姻模式。

維妮希望能夠進一步拓展自己的事業，提升收入和專業影響力。她計畫推出更深耕於人類圖親子教養課程和書籍推薦，透過更多的合作關係，幫助父母與孩子建立良好的關係。

經營個人品牌讓維妮更認識自己，並活出真正的自我。透過人類圖，她不僅更了解自己，也更了解孩子，這使得她在育兒過程中更加游刃有餘。她希望能幫助更多的父母認識自己和孩子，讓孩子有快樂的童年，自己也能成為優雅不焦慮的父母。

## 凱若說：掌握重點，用適合自己的方式經營事業

維妮是我的藍月計畫個人諮詢服務一推出後，旋即加入的學員。從這個行動也可以知道，她真心希望投入一件事的時候，是多麼地認真與熱血。也因此，她總是能夠快速掌握一個新的知識或專業，並且持續優化它做到最好。

一開始，維妮的受眾很「多元」。正面來說是如此，另一面來說就是並沒有抓到她的精準市場，提供她最擅長的內容與服務。許多人會有這樣的盲點，因為每件事情看起來都可行，也都有一些成果，但是到底要如何選擇呢？我問維妮：「哪一塊領域是你最有興趣和熱情的？」她想了想說：「人類圖。」而我接著問：「哪一群受眾又是妳最希望接觸的？」她說：「父母親。」「這就對了！」我告訴她。永遠不要忘記問自己：「你的熱情在哪裡！」因為所有的知識和技能都可以學習，如果你有興趣，或許不一定像維妮學習得這麼快速和有效率，但肯定也會比第一天碰它來得更專業深入。

許多人認為「好學生」、「工程師」就是乖乖牌，不太可能選擇冒險的創業之路。但維妮讓我們知道，對知識的追求以及有系統的學習，的確可以讓自己在某個領域成為專家，只要確認「你在向誰說話」（受眾）和「他們需要的是什麼」（解決方案），絕對能「不冒險創業」，用適合自己的方式經營事業。

維尼小檔案 ╱ ─────────────────────

維尼創立「工程師媽媽」品牌，目前提供的服務有：時間管理個人教練課、雙寶媽備孕育兒手冊，以及透過人類圖，分享親子教養和「維妮選書」親子共讀好書推薦。

「工程師媽媽」IG：

https://www.instagram.com/happiness.winniechang

## *Superpower*：
## 對知識的渴望，讓她成為達人，獲得好口碑

維妮的故事裡充滿「我想要知道更深入的知識」，無論是時間管理、備孕，或是人類圖和選書，都充滿了她自己的「學習心得」。這個就是她獨特的發光點！她不是靠著行銷技巧獲勝，而是讓人信任她所提供內容都是經過用心學習消化後的結果，而且所有內容都有著她親身的體驗和個人的興趣點，這給人十足的信心。選擇領域深耕，經營口碑相傳，絕對是維妮可以擁有一片天的祕訣。

愛與平衡，找尋自己之路

# 保養品品牌創辦人 —— Rita

　　Rita，人稱愛姐，是台灣本土保養品品牌 IRITA 的創辦人，也是五歲女孩的母親。Rita 從年輕時代就已經很渴望創業帶來的自主性，也因為想解決自己肌膚的問題，創辦了自己的保養品品牌，卻發現當她把自己的價值和重心全放在事業和孩子身上時，反而自己會搖搖欲墜，一切都會成空。因此，Rita 在短暫休息之後，重新出發。現在，Rita 用「愛」與「平衡」經營事業與家庭，安穩而舒適。

　　決定創立 IRITA，是由於 Rita 長期以來受到肌膚敏感的困擾，這讓她開始思考如何為自己找到一個能夠每天安心使用的保養品。於是在 2015 年，她帶著「安全、單純、零負擔」的理

念創立了 IRITA。原本是上市公司專案經理的她，進入保養品
這個陌生的廣大領域，Rita 不斷學習和探索，提升自己在保養
品領域的專業知識。每款產品的開發過程中，他們都會邀請超
過五十位不同膚況的人進行實測，以確保產品不僅對肌膚低敏
感，還能帶來絕對的功效。IRITA 還聘請了嘉南藥理大學化粧
品應用與管理系的教授作為品牌配方顧問，以提供更專業的指
導，確保產品成分純粹可靠。這樣用心的她，自然在一開始就
獲得很好的成績。

　　Rita 選擇創立 IRITA，離開傳統上班族生活，是因為她希
望品牌創業不僅是一種收入模式，更是一種生活方式和價值觀
的實現。然而在 2019 年底，Rita 同時承擔著創業者和新手母親
的雙重身份，面臨了巨大的壓力和情緒困擾，最終導致她生了
一場大病。這場病，成為她面對身心健康的重要轉折點，也是
一份意外的禮物。

　　在這段時間中，Rita 被迫暫時關閉了品牌，好好休息。在
接下來的三個月裡，她進行了反思和沉澱，重新傾聽身體的聲
音，學會將注意力從家庭和工作回到自己身上。這段時間讓她
意識到，過去自己一直期望著在保養和生活中達到一個完美的
目標，就像原本在大公司中的主管角色一樣，好還要更好，不
斷給予自己壓力去滿足期望。而她需要放下這一切——因為倘
若總是太過關注他人，忽略了自己的需求和情感，就需要重新

花時間接納並疼愛自己。

Rita 開始明白，完美並非必要，更重要的是專心一致地忠於自我，照顧好自己的感受。每天花五至十五分鐘與自己相處，觸摸自己的肌膚，透過保養重新評估和接納這張臉，因為它是如此努力、認真地生活著。Rita 學會對自己說「你已經做得很好了」，這成為她重拾身心平衡和自我肯定的重要步驟。

創立 IRITA 對她來說，就像育兒的過程。從孕育一個概念開始，到看著品牌不斷成長，每一步都如此珍貴且值得期待。她學會了如何在工作和家庭之間取得平衡，並且將她的價值觀融入品牌理念中，為品牌的成長努力，同時也享受著看到品牌受到肯定時的喜悅和滿足。

她在創業並成為母親前，是一間大型公司的主管。在那裡，她不得不扮演一個嚴厲的角色，因為在大公司裡，員工被視為數字，總是被嚴格評估著生產力、績效和失誤率等等指標。直到 Rita 成為創業者，她開始想要創造一個讓自己感到舒心的工作環境。身為唯一負責人的創業者，Rita 確實需要面對許多讓人焦慮的時刻，但她不斷提醒自己不要被負面情緒所影響，要看重價值，堅定做自己認為正確的選擇。

成為母親後，身為一個媽媽創業者（Momprenuer），Rita 發現這份工作帶來許多正面幫助：

1.彈性的時間安排：作為一位母親，小孩常常會有一些突

發狀況，Rita 感覺自己很幸運地能在兼顧興趣的工作中，同時處理家務，並且應對突發情況。

2. 研發初衷來自小孩肌膚痛點：Rita 創作的本質源自於愛與家庭。IRITA 的熱賣產品中有一款「B5 修護水潤精華乳」，就是為了安撫 Rita 女兒的濕疹所研發。清爽好吸收的質地，並含有高濃度 B5 成分，讓 Rita 可以跟女兒一起保養。這也讓她感覺到這份事業與孩子之間的關連，並且可以真正創造讓全家人都可以一起使用的保養品，這是她創立品牌最美的果實之一。

3. 用媽媽的溫暖視角，看待混亂的創業路：身為媽媽和創業者，事情多如牛毛，而且壓力絕對不小。但 Rita 透過多年的創業和育兒經歷，能夠更快速地冷靜下來解決問題，並更能以同理心去看待同事遇到的難處。

這些都是成為一位媽媽創業者所帶來的正面幫助，也讓 Rita 能更加堅定地走在事業和家庭並行的道路上。

創業九年，帶給 Rita 許多正面的收穫和成就感，但挑戰當然也不少。首先，「時間壓力」是其中很大的困難。身為創業者雖然擁有相對彈性的工作時間，但也隨時需要繃緊神經以應對各種突發狀況。有時即使下班了，也會被工作所佔據，不小心忽略了孩子的需求或感受。這是許多創業的父母需要克服的課題。其次，「責任重擔」也是一個常見的挑戰。創業者必須

承擔起公司的每一個決定和結果，負起代價。這種責任壓力讓
Rita 必須時刻保持警覺，並做好應對各種挑戰的準備。每一個
決定都需深思熟慮，因為會直接影響公司發展和員工生計。

　　最後，「情緒波動」也是不可避免的。創業的過程中充滿
了起伏不定的情緒波動，有時候會面臨挫折和失望。在這些時
候，必須學會如何處理壓力和負面情緒，以保持對事業的熱情
和動力。這需要不斷學習和成長。Rita 這一路上遇過非常多起
起伏伏，現在的她總是能微笑並溫柔以對，也是這九年來給予
她非常珍貴的禮物。

　　儘管創業有許多不為人道的辛苦點，但創業者也從這些挑
戰中更認識了自己。作為一位九年經歷的創業家，Rita 一直努
力保持對工作的熱度。因為她知道，所有的努力都是為了自己
和家人，也為了每位也想好好照顧肌膚卻和她當初一樣手足無
措的人。Rita 這種抱負與使命讓人感動，這也是 IRITA 這個品
牌可以歷久不衰，不用強銷也能夠讓許多網紅和使用者死忠追
隨和愛用的原因吧！

凱若說：用真心，讓創業與生活溫柔發光

　　認識愛姐的時間並不長，一開始是好奇為什麼我的網紅好
友每一年固定與 IRITA 開團購，連續多年都沒有改變，後來認

識愛姐之後，就明白她和 IRITA 為何有這種魔力。Rita 說話輕聲細語，但是卻堅定強韌。

她並不屬於許多人想像中的創業家類型，因為她就是非常安靜，也總是細細聆聽。我感覺這背後一定有故事，所以在 2023 年邀請她上我的 podcast 節目《MiVida 慢遊。好生活》，也開啟了我訪問更多女性創業者的計畫。節目中，她與大家分享的不是她做得多好的部分，而是她過去經歷的糾結，痛苦地喊停和休息，以及後來品牌的大翻新。這些故事讓我感覺到，Rita 是真正用真心去創業與生活，絕對不是光鮮亮麗的漂亮分享，而是真誠有力的人生體悟。

這兩年下來，也與愛姐成為好友。我們不常聊天，但卻很能理解彼此。她對產品的用心，對人的真誠，都讓我知道，未來十年的 IRITA 和她都會繼續溫柔發光。

Rita 小檔案 ╱ ————————————————————

IRITA 創辦人 Rita 表示，「真誠善待自己，好好保養自己的心」是品牌想帶給大家的生活方式。仔細聆聽肌膚與心中的聲音，並對鏡中的自己說聲：「你已經做得很好了！」因為每一刻的你，都值得最好的對待。

「IRITA」官網：https://www.irita.com.tw
「IRITA」FB：https://www.facebook.com/iritaskincare
「IRITA」IG：https://www.instagram.com/iritaskincare

*Superpower*：
**好好努力，往理想生活更接近一些**

　　Rita 的性格就是「想要的，我就努力做到」，所以當她把事業當作自己的終極目標，就衝到底去努力；生病之後，發現其實好好生活和價值觀，才是真正重要的。接著，就用同樣的行動與堅持去完成它們。這個 superpower 的優點是非常有力道，但絕對要像 Rita 一樣思考清楚自己真正想要的願景而去努力，才能越來越接近理想生活的畫面。

## 精進專業，打造個人核心專長
# 自由編輯——依蒔

依蒔從小熱愛閱讀，原本夢想成為記者，後來發現自己更適合幫助別人把作品編輯出來，因此進入編輯這一行，並且在出版社服務多年。孩子出生後，她休完產假便立刻回歸職場，將孩子交給專業的托嬰來照顧；到孩子一歲多需要大量陪伴時，她請了半年的育嬰假，專心在家裡陪孩子。她很開心自己做了這樣的決定，相較起用寶貴的育嬰假時間沒日沒夜照顧嫩嬰，她在女兒稍大的時候才請育嬰假，親自陪伴孩子牙牙學語、邁步探索世界，非常推薦新手媽媽們可以嘗試這樣安排。

育嬰假期間，她發現編輯的工作特性很適合在家進行，在另一半支持下，決定轉以「特約接案」的方式和出版社合作，

也獲得了不錯的條件。她接案編書，並在家完成所有工作。雖然需要在工作時間上做些調整，例如：只能利用孩子上午上學的三、四個小時工作；忙的時候，得在孩子入睡後繼續工作，偶而甚至需要熬夜；而且比起正職，收入變少了，但能夠在家陪伴孩子成長，對她來說是無價的。這份工作讓她能夠實現自己的專業和興趣，並在家中兼顧育兒。

　　她自認為不是事業心重的拚命三娘，沒有足以創業的本錢和專長；成為媽媽後，也沒有長出超能力，但她希望鼓勵那些像她一樣對自己不是很有信心的媽媽們，相信自己，善用原本就拿手的工作能力，勇於做自己想做的決定。並不是每個人都把事業當作第一要務，要想清楚自己的優先順序，這是依蒔希望提供給許多媽媽的忠告。

　　她也因為自由接案，受邀為兒童雜誌編輯或撰稿。這和她過去編輯大眾成人類書籍時，難以見到真實讀者的經驗很不一樣，因為現在家裡就有一個小讀者，很享受閱讀媽媽的作品，這讓她感到特別和溫馨。這份工作不僅滿足了依蒔的經濟需求，也帶來更多與孩子相處的時間和有趣的互動。

　　然而，自由編輯的工作也有其辛苦和挑戰。首先，自由編輯需要極強的自律能力，自己安排工作進度與時間。在每次評估是否接下某個案子時，也有諸多的考量，包括能否全程在家進行、必要的溝通與會議可否以線上會議取代、工作量會不會

壓縮到陪伴孩子的時間等。此外，工作的時間壓力和責任感也不可忽視。依蒔需要在有限的時間內完成高品質的工作內容（而且還不容出錯），這點當然也會形成一些心理壓力，她必須在接案過程中學會並練習如何排解。

　　總括來說，依蒔對於這份工作的各方面都很滿意，不但讓她能夠平衡事業與家庭，實現自我價值，同時也享受與孩子共同成長的美好時光。

## 凱若說：培養把工作做到極致的能力

　　依蒔是我七本書裡其中幾本的編輯。一開始我們認識時，她仍在出版社工作，她的細心和認真時常讓我非常感動，例如她會特別幫我把孩子畫的圖變成書中插畫（我們都超喜歡，也是很棒的回憶），或者將幾個段落重新排列組合，讓內容更有邏輯、更容易閱讀等等。這些事情我覺得肯定要用掉很多腦細胞，但依蒔總是很快速也仔細地做到了。

　　後來她成為自由編輯，出版社也樂於和她用專案的方式合作。因為他們有著長久一起工作而來的默契，依蒔的專業也讓出版社與作者非常放心。在此同時，她又能夠在家完成工作，自己安排時間和進度，這對於媽媽們來說是很夢幻的好工作。我時常向一些媽媽好友或嚮往數位游牧生活的朋友們分享依蒔

的故事，因為她就是非常認真地把手上的工作做到極致，也培養了溝通力與自律力，所以她可以有底氣向公司提出轉成專案配合的模式，合作邀約有時還會多到需要婉拒一些。

對於公司來說，現在越來越多的企業都希望將「核心極小化」，我的公司也是。我們與各種領域的專業人士採取用專案的方式合作，節省了公司的固定開銷與管理成本，反而能夠得到更好的獲利。對合作對象來說，他們能夠自己掌握公司的節奏，甚至很多人的收入還比固定上下班更高。這絕對會是未來的趨勢。

如果你想要搭上這班列車，不妨想想：我是否想要繼續做目前這份工作？如果答案為「是的」，那麼我會建議你像依蒔一樣，先做一點嘗試起步，讓你與公司都可以在這過程中去觀察自己的性格和工作性質是否方便以「專案配合」的方式合作。我相信，如果工作的性質是適合在家工作（或不限工作地點）的，多數公司都會希望改用這樣的方式來降低成本，得到更高的效益（還包括更開心的工作氣氛）。前提是，能否維持原本的工作成效，如果你發現自己在家或四處工作無法有更好的工作心情與產出，那麼或許是要做些改變，例如不同的工作內容、不同的合作對象，或者學習更好的工作習慣等等。

依蒔是一位自由編輯，編有凱若的《我們在德國 IB 學校學會的事》、《爸媽不瞎忙》、《在家創個好生意》、《數位游牧》等書，有時也會受邀為兒童雜誌編輯或撰稿。

## *Superpower*：
## 幫助別人登上舞台，同時成就自己的自由人生

　　許多人都認為，要成為自由工作者，自己一定要成為那顆閃亮的星，所以花了很多時間「讓自己被看見」。事實上，能夠幫助其他人登上舞台發光，也是一種非常美好的方式。

　　在依蒔初次與我合作時，她能第一時間便讀懂我文字中想要表達的，理解我的價值觀與敘事角度，並且十分投入地希望我的文字和故事被珍惜、被看見。很多時候，她甚至能達到讓我想膜拜的程度：將所有都是我親自撰寫的內容，編輯得更貼近我原本想傳達的意思。這讓我放心將自己的書寶貝交給她，指定與依蒔合作，因為知道她會好好費心努力，讓我與我的作品完美呈現。這樣的特質，也讓不少作者希望持續與她合作。她無須總在舞台前，但每個美好作品都有她的神來之手！

在巴黎創業，記錄遇見的美好過程

# 線上選品店主理人 —— Joyce

　　開啟法國選品店的事業，與 Joyce 在巴黎的美好相遇有很大關係。三十歲時，因為丈夫的關係，她開始在巴黎定居。來到巴黎後，她被巴黎女性的穿搭和法國生活美學深深吸引，這股吸引力促使她開始自己的創業旅程。最初，她提供代購服務，後來轉型為選品店。這段經歷讓她更加融入當地文化，也更加認識自己。她開始敏銳地觀察當地的時尚風潮，將法國的精緻和品味注入到她的選品中。

　　這份工作看起來非常美好，但其實擁有自己的代購與選品品牌，也是從現實的考量出發。來到法國後，Joyce 由於語言、學歷和經歷的限制，讓她在法國找到理想工作的難度較大。當時的

她不會說法語，也沒有在法國接受過教育，這讓她在求職市場上處於劣勢，除非選擇自己不喜歡的工作，否則真的處處受限。其次，她對台灣家人的牽掛，促使她希望保持自由的身份，可以不受公司束縛，能在台灣和法國之間自由來去。這樣的考量讓她決定自己創業，追求自己的夢想和自由生活。

在經營代購業務四年後，Joyce 成為了一名母親。在異鄉孤苦無援的她，初為人母的恐懼和害怕曾令她考慮放棄代購工作，專心做好媽媽的角色。然而，她發現自己是一個追求自我成就感的人，最終選擇不放棄代購生意。在生產後的兩個月，她重新投入代購工作。三年後，她生下了第二個孩子。在二寶進入幼兒園前，她的工作時間極為有限，大部分精力和體力都投入在照顧孩子身上，因此那幾年的業績並不如意，每月只能獲得微薄的收入。她感謝先生一直給予無壓力的支持，讓家中的經濟無後顧之憂。

在孩子還小的那些年，Joyce 每天都努力爭取時間工作。當身心被壓榨到極限時，她總是想起凱若的一句話：「就算匍匐也在前進。」這些話和文字陪伴著她走過那段歲月，她一直牢牢記在心中，寧可走得慢，也不要停下來。這份堅持和毅力，讓她最終轉型為選品店，開啟了事業的新篇章。

目前她是線上法國選品店「Joli Paris 美好巴黎」的創辦人，也是兩個孩子的母親。這個品牌專注於銷售她在法國發現的小眾、有特色的女性服飾、飾品和配件等，漸漸走出自己的風格，

獲得很多朋友長期的支持。

作為一個晨型人，Joyce 每天清晨 6:00 開始工作，這段時間對她來說效率最高。由於台法時差的關係，這段時間也是回覆台灣重要訊息的好時機。孩子起床後，她會先忙著照顧孩子，直到他們去上學。孩子上學後，Joyce 再次投入工作，並在下午 4:00 結束，以便迎接孩子放學回家。晚上的時間則完全留給家庭。雖然工作和家庭生活非常忙碌，但 Joyce 對目前的生活方式感到很滿意。她認為，雖然忙碌，但生活步調是她喜愛的樣子，而事業已經達成了她的基本目標，但她期待未來孩子長大了，還有更多提升的空間。

這段創業經歷不僅讓她更了解自己，也讓她更有勇氣追逐夢想。除了專注於商品，Joyce 也享受在她的臉書粉絲專頁和 Instagram 上分享她的法國生活。在這近十二年的歲月中，她深刻感受到自己、家庭和事業之間的交融。她發現，生活即是她的事業，工作的靈感大多來自於日常的生活點滴。對 Joyce 而言，工作並非負擔，而是記錄她所遇到的美好過程。因此，她的創業最初或許是偶然，但隨著歲月的推移，她發現自己深愛這份事業，與之交融成一體。

經營一家法國選品店確實會面臨一些辛苦的挑戰，其中兩大主要困難點包括現貨供應、價格與品質之間的平衡。現貨供應的挑戰讓她承受著庫存壓力，尤其是在服飾銷售方面，尺寸的採購

以及台灣冬季氣候的不確定性都增加了難度。了解客戶的身形，以確保每個尺寸都有足夠的現貨供應，同時避免庫存過度積壓，是一個相當複雜的任務。此外，價格與品質之間的拉鋸戰也是一個相當棘手的問題。Joyce 對選品有高度的品質要求，但又必須考慮台灣客群對價格的接受度。法國商品的採購成本原本已相對較高，再加上高昂的國際運費，她需要在兩者之間找到平衡點，這往往會花費她大量的時間。

Joyce 發現，成為母親後，為她的事業帶來更多正面的幫助。她變得更有耐心，更和善，以更多元的角度看待事物。同時，為了給孩子樹立榜樣，她變得更加勇敢。由於母職的關係，她的工作時間變得有限，這讓她更加懂得珍惜每一分每一秒。為了幫孩子營造良好的生活環境，她隨時充滿動力。而 Joli Paris 美好巴黎這個品牌，讓她在追求夢想的同時，也能享受家庭生活的美好。

## 凱若說：正面心態，打造優雅的事業與生活

在競爭激烈的代購市場中，Joyce 走出了自己的一條路，並且轉型成為線上選品店，這一路走來非常不容易。我認識 Joyce 這段日子中，有時聽到她提到一些難處，卻總是看到她又開始嘗試新的做法，帶進新的品牌，一直一直在努力升級打怪。

我非常欣賞她正面的態度和行動力。她總是非常認真地回覆

每一則訊息，熱情款待每一位朋友，收集客戶 Joli women 們的分享，並且從這些互動之中又得到更多正面的力量。這些都是讓她的火苗可以延續的重要因素。我很喜歡有著法式緩慢步調的 Joyce 社群媒體版面，因為她喜歡美的事物，透過她的雙眼總能看到這世界的美好，我相信這也是很多粉絲忠實追著她的原因。

要能有事業又能享受生活，首要條件就是擁有一顆隨時能看到正面的心，再來就是選擇自己合適也有熱情的創業主題，這兩點 Joyce 都兼具，再加上居住在美的城市巴黎，當然，就更加分了！

## Joyce 小檔案 /

Joli 是法文「美麗」的意思。由 Joyce 創立的「Joli Paris 美好巴黎」致力於挖掘與開發法國當地小品牌。許多人眼中巴黎的美，是一種透過日常生活堆疊出來的魅力氛圍，而把「巴黎日常魅力」融入選品，就是 Joli Paris 美好巴黎的使命。

「**Joli Paris 美好巴黎**」官網：https://www.joli-paris.com
「**Joli Paris 美好巴黎**」FB：https://www.facebook.com/joliparis18
「**Joli Paris 美好巴黎**」IG：https://www.instagram.com/joliparis75

### *Superpower*：
### 勿忘最真實的模樣，簡簡單單做自己

　　Joyce 的裡裡外外都是同一個模樣，她沒有假裝、粉飾，或者過多華麗的言語。就是很坦誠地分享她喜歡的、挑選的，想與大家分享的美好。這也讓她無論透過影片或文字，甚至只是訊息傳達，都讓人能感受到滿滿的善意與溫暖。這是很珍貴的特質。

　　或許過去以為這種只會浪費錢的興趣，怎麼可能成為事業？但從小就愛美的 Joyce 坦然地做自己，所有的服飾配件都是她親自穿戴，原汁原味的素人出場，卻有十足的美好與力道。這就是 Joyce 的超能力。

**專業＆興趣＆熱情的完美結合**

# 法國房產顧問 ＆
# 室內設計師
# ——艾米莉

　　艾米莉（Émilie Lien）是法國房產顧問，同時從事室內設計與品牌視覺設計規劃，也是兩個孩子的母親，目前居住在法國巴黎。她畢業於台灣的室內設計系，並在巴黎完成了品牌視覺設計碩士學位。成為母親後的創業，也讓她得以發揮過去所學與專長。定居法國多年後，艾米莉進一步進修並實際經營法國房地產，將她的專業、興趣和熱情完美結合。

　　艾米莉的孩子目前分別是七歲和十三歲。她選擇在家中工作，以便更靈活地安排時間，兼顧家庭和事業。她的工作地點位於巴黎的自家工作室，工作時間主要集中在平日白天；因為法國的國小和幼兒園在週三沒有上課，所以她週三則會在工作之餘陪

伴孩子參觀展覽，並在學校放假時安排家庭度假。這種彈性的工作方式，讓她能夠在忙碌的生活中保持不錯的生活步調。

艾米莉的事業範圍廣泛，包括室內設計工程、品牌視覺設計以及法國房產課程教練和房地產經營。她的設計工作室不僅服務於法國，還有來自英國、台灣和中國等地的客戶。艾米莉致力於幫助客戶創造品牌視覺形象及包裝設計，並在近年來專注於室內設計和房產教學的相關工作並加盟法國房地產公司，經過專業培訓成為法國房仲經理人。她透過網路提供顧問服務，建立了跨國的客戶群體。

其實在成為母親後沒多久，艾米莉仍在巴黎的一家全方位品牌設計公司上班。然而，隨著孩子的成長，她希望能有更彈性和自由的工作時間與地點，這促使她選擇創業。她的創業之路從為朋友設計開始，逐漸擴展到成立自己的設計工作室。在創業過程中，艾米莉也遇到了不少挑戰。她坦言，創業有高低起伏，需要強大的意志力和正能量來面對困難和低潮期。此外，也需要嚴格的自律和明確的目標。然而，這些挑戰並未阻礙她的步伐，反而讓她更加堅定地追求自己的夢想。

選擇這份事業讓艾米莉能夠持續獲得收入，同時擁有更自由的時間安排。她將這些時間用於旅行、學習和進修，還有結交新朋友和合作夥伴，這是艾米莉覺得非常滿足的部分。她的客戶中有很多是與她有相似背景和環境，包括經營品牌的女性主理人、

需要規劃家庭室內設計的母親，以及希望學習法國房地產投資的女性，這讓她在工作中能夠更確切地理解和滿足客戶的需求。

## 凱若說：深耕專業與興趣，穩健發展

透過 Joli Paris 主理人 Joyce 的介紹，認識了正向又溫暖的艾米莉。艾米莉是室內設計出身，有著扎實的設計背景，因此除了協助許多想在法國置產買房的朋友成功買下房之外，也能夠提供延伸的設計服務，這點是她非常大的優勢；加上她在法國巴黎居住的時間非常久，對在地的掌握度非常高，以及給人安心的人格特質，讓她長久以來培養出堅實的客戶群。

「深耕」在一個領域，以自己的專業為圓心，興趣為半徑，往外發展，是非常聰明且穩健的發展模式。若你擁有一項自己喜歡的專業，不妨可以參考艾米莉的發展模式，深入經營一段時間，肯定會有很深的根基與專屬自己的市場。

艾米莉小檔案 /

身為法國房產顧問和室內設計師的艾米莉，來自台北，定居巴黎二十年，
提供法國房產顧問、房產買賣、室內裝修、物業管理、一條龍的服務。
**「法國投資房產置產 & 室內設計裝修社群」社團：**
https://www.facebook.com/groups/realestateandinteriordesign
**艾米莉 FB：** https://www.facebook.com/emilielienfrance
**艾米莉 IG：** https://www.instagram.com/lien.interieur

*Superpower*：
**專心且長期做好一個領域，培養強大能力**

　　許多人都會有發展的焦慮，覺得自己需要做很多不同的發揮，
但艾米莉的故事讓我們很清楚看見，從她的室內設計專業出發，以
「房屋」作為發展的圓心，搭配上自己喜歡房產投資的興趣，深耕
經營，自然就能夠得到客人的信任。這聽起來是非常簡單的道理，
卻很少人能夠堅持這麼久。戲棚下蹲久，舞台就是你的，艾米莉就
是這樣的完美代表。

# 旅法軟裝設計師
## ——瑞妮

　　溫柔且充滿法式氣質的瑞妮，是一位對軟裝設計與居住空間美學充滿熱情的軟裝設計師，目前與丈夫和兩個孩子居住在法國。作為母親，她以優雅的方式平衡家庭生活與職業生涯，同時兼顧著自己的興趣與生活情趣。也因此，有許多喜愛瑞妮生活哲學的朋友長期追蹤著她的動態，並且從瑞妮的分享中，獲得許多生活美學的滋養。瑞妮目前的主要工作是軟裝教練、軟裝設計案以及軟裝諮詢，大部分都在家工作。她的工作時間也配合孩子上學的時間，讓她可以在孩子需要時隨時陪伴他們。

　　瑞妮並不是一開始就決定走上創業這條路。在法國碩士畢業後，瑞妮隨著先生到他所在的區域定居，並且在找工作前就懷孕

生了第一胎。這意味著她沒有像大多數人那樣，有「好好奠定事業基礎」的時期。生下第一胎後一年，她開始找工作，但在異鄉找工作大不易，她的居住區域產業又以金融與工業為主，使她的所學難以發揮。期間她試著零星接一些小案子、做翻譯，但缺乏人生目標，覺得自己被家庭綁住，生活越過越憂鬱。

後來瑞妮又懷了第二胎，她感覺自己離夢想中的人生藍圖越來越遠。於是不想放棄的她，懷孕期間開始看台灣的職缺。正好，她看到一個酒商行銷的職務。與老闆相談後，對方同意她先遠距工作，等生完小孩、回台灣安頓好後，再正式進辦公室全職工作。

這對他們夫妻倆是一個很大的決定：瑞妮帶著只有兩個月大的兒子獨自回台灣，與先生和兩歲半的女兒分離超過一年。於此同時，他們也把在法國的房子和車子都賣掉，抱著破釜沉舟的心，計畫未來在台灣發展定居。在這段分開的期間，他們安排假期，在台法之間來回探望對方。一年半後，先生的育嬰假啟用，才帶著女兒來台團聚。

當時，瑞妮已經轉職到室內設計公司工作，然而，因為上班與育兒一直都有著很大的衝突點，她開始有了創業的念頭。當她在設計公司上班時，安排孩子由保姆照顧；但是她發現這種安排存在很多問題，例如保姆請假或孩子生病時，她不得不請假，這讓當時任職的公司不太滿意。此外，通勤和上班總共佔用了十二個小時，也讓她思考：若好好運用這些時數，當自己一個人工作

時，是否反而可以完成更多的事情？因此，她決定改變工作方式，希望能夠擁有更靈活安排時間的事業。

瑞妮一直對「空間與人的互動關係」非常敏感，她的求學過程也一直圍繞著「美」與「設計」，她的熱情與專業都讓她清楚知道，自己肯定要從事「創造類」的工作。而她也從歐洲生活的經驗中發現，雖然她並不是科班出身的室內設計師，但她的確擁有幫助人們打造美好空間的能力，而這個能力就是「軟裝」。在當時台灣的市場上，這個名詞還很新穎，她也看見了很大的發展空間。因此，她決定未來的創業會以「軟裝師」作為主題，開始著手研究離職與創業的新發展，同時期待著先生與女兒的到來。

當時是 2019 年的 9 月，她非常歡喜地期待全家團圓，也希望彌補過去犧牲掉的家庭時光，因而特地租了一間公寓，花錢買所有家具、鋪地板，全部用軟裝佈置，希望讓對台灣很陌生的女兒有「家」的感受。然而，人算不如天算！本來的計畫是瑞妮一邊創業，先生一邊學中文並接送照顧小孩；沒想到 COVID-19 突然間爆發，先生在半年的育嬰假結束後就匆匆回法國，瑞妮一個人留在台灣，一邊創業、同時照顧兩個小小孩。

先生的第二段育嬰假因疫情關係一直申請不下來；瑞妮受限於接送、照顧小孩的時間，無法好好工作，案場再遠、工作再多，她都只能待到下午 4:00，就得趕回家接小孩放學。創業初期，瑞妮的收入少且不穩定，面對房租、兩個小孩的幼兒園學費，都

是直接從法國戶頭提款支付，經濟壓力很大。

在八個月後，瑞妮決定停損，搬回法國。於是他們又重新開始看房，一個月不到就買了現在住的公寓，舉家再次搬遷。瑞妮當時覺得既無奈又好笑，才剛創業沒幾個月就得離開台灣。不過她決定試試看，或許用不同的方式，仍舊有機會建立自己的事業。因此在出國前，她保留台灣的手機門號，也在銀行設定遠端操作功能，學習遠端報稅，並找好能在案場執行的在地夥伴。就這樣，瑞妮開啟了她的遠距遙控台灣事業之路。

瑞妮用遠端合作模式接軟裝的案子，在過程中，她也會不斷反思與調整。直到去年，她發展出線上課程，成為軟裝教練，開始嘗試「講師」這樣的角色。瑞妮說，雖然自己的創業過程跌跌撞撞，但走到現在，終於能稍微喘口氣，達到她想要的「家庭與事業兼顧」甜蜜平衡點。不過，這個「平衡」也會隨著事業發展、自身狀況與小孩成長而不斷調整、改變，這也是創業最大的樂趣與挑戰。

創業過程的不穩定性，容易讓人產生經濟上或自我質疑的焦慮感。對瑞妮來說，仍在努力讓自己的事業和內心都能越來越平穩，細水長流。她的創業原則就是：「工作內容不管是什麼，都要讓我的生活保有最大彈性！」

選擇這個工作後，瑞妮感覺到最大的正面影響，是她在孩子面前不僅是「媽媽」，也是有擔當、有自己事業的獨立女性。孩

子會說：「我媽媽是軟裝師！」讓他們知道，瑞妮沒有為了家庭犧牲掉自己喜歡的事，而這對她來說非常重要。孩子們耳濡目染她對家裡美感的維持，漸漸也發展出自己的審美眼光。

另外，時間和地點的彈性，加上足夠的收入，讓她非常感謝與珍惜。她可以帶著電腦和小孩一起度假；若小孩放假或生病，她不必四處找人照顧，而能親自陪在孩子身邊，這對她而言是更珍貴的禮物。目前她的收入也讓家裡經濟條件改善，有更多餘裕執行更多計畫，例如翻修家裡浴室等等，這也讓瑞妮感覺到自己的價值感與快樂。

## 凱若說：在任何環境，都能過自己想要的生活

瑞妮是藍月計畫的學員中，讓我非常感動的一位。她並非科班出身，卻靠著天賦與自學，闖入新的領域，開始軟裝師的事業；她感覺自己被母職困住，就決定與先生溝通，直接在當時看似無路可走的生涯中，來個谷底大轉彎。這些都不是很容易的事。瑞妮看起來溫柔甜美，但內心卻是非常堅毅，這也是她得以打造自己一片天地的重要原因。她先生對她的支持，十分讓人感動，然而，我們都要做自己最堅實的支持者，無論在任何環境下，都要有一種「我想把生活過成我要的樣子」的堅實信念。

## 瑞妮小檔案 ／

創立「俬飾軟裝」的瑞妮是一位軟裝設計師，也是一名軟裝教練。她擅長為客戶解決空間的問題，為空間注入靈魂與故事；她也喜歡將自身的經驗分享給需要的人。她推出的「軟裝教練課」，就是希望透過陪跑式的學習陪伴，幫助更多對軟裝有興趣的人深入學習。

**「俬飾軟裝」官網：**https://reneedeco.com
**瑞妮 FB：**https://www.facebook.com/reneeplaydeco
**瑞妮 IG：**https://www.instagram.com/renee_homedecor

### *Superpower*：
### 聆聽內心聲音，擁有改變的勇氣

　　許多人光是從台北搬到高雄，就已經非常糾結，但瑞妮為了找尋自己，卻可以直接從法國搬回台灣，還自己帶著小小孩勇闖職場，之後又決定舉家搬遷回法國，開始新的創業模式。這些改變，都需要專心聆聽自己內心聲音，以及採取行動的決心與勇氣。擁有這個超能力的瑞妮，遇到任何挑戰都能夠轉彎，也都可以找出一條新道路。

家庭財務長的美好家計簿

# 精算媽咪——珊迪兔

開心迎接新生命的誕生，坐完月子後回到辦公室，卻發現自己的職務已經被取代，而且被變相降職，如果是你，會做怎樣的選擇呢？

珊迪兔是一個充滿抱負和活力的年輕媽媽，擁有十足的能力，在當初任職的新創公司中擔任募資的重責大任，工作一直都帶給她非常大的滿足。直到她生了寶貝兒子——當她坐完月子，準備回到工作崗位上繼續大展身手，卻發現自己被架空了。

儘管薪資未減，但變相降職，讓她感到無法在職場上實現自我價值。照顧新生兒和餵母奶的需求，也促使她無法隨時配合高工時且高強度的工作。「你需要回家帶孩子」，同事們開始貼心

地這樣對她說，讓珊迪兔逐漸意識到，自己在公司中無法再獲得關鍵資源和即時資訊，這當然影響到她的職涯發展，但同時，她也不願意為了工作而犧牲陪伴孩子的時間。所以，當重要的專案不再由她負責時，便明白是時候為自己尋找新的道路，選擇以家庭為重，這也開啟了她新的事業階段。

珊迪兔誤打誤撞地開始自己的 podcast，她沒有預設太多立場，先做了再說，就一集集這樣錄製下去。隨著節目受眾增多，許多人開始向她提出學習需求，讓她萌生了商業化的念頭。離職後，她開啟了這個機會，並創立「Mompower 媽媽商學院」，與資深財務規劃夥伴共同培訓「家庭財務長」，讓媽媽也成為財務規劃師，培訓更多媽媽們斜槓擁有自己的收入，提升自信，得以安心且開心地生活。

珊迪兔自大學畢業以來一直保持進修的習慣，對世界充滿好奇心，並透過學習來解決生活中的困境。這些知識和養分在她的腦海中累積，並在關鍵時刻助她一臂之力，也讓她可以在此時回饋給同樣需要找機會的媽媽們。由於她曾親身面對從困難到穩定到豐足的家庭財務，這個過程讓珊迪兔能同理許多媽媽的需求與心情，並且真切地提供需要的資源。

隨著努力與累積，她的 podcast《精算媽咪的家計簿》開始引起雜誌媒體的注意，並且獲得出版社的邀約，出版《家計力：小資家庭必讀的財務整頓寶典》、《增值力：強化財務安全的金

錢創富密碼》兩本書。在這些過程中,她也接觸到更多希望增強自己財務能力的媽媽們,Mompower 媽媽商學院也越來越成型和茁壯。

選擇離開大型的企業,開始自由的工作類型,讓珊迪兔能夠在工作中帶著孩子開會、做企劃與管理,不但讓她與孩子擁有非常親密的關係,還讓孩子從小就學會了開會、做總結和制定行動方案,比同年齡的孩子更加成熟與主動;而她的寶貝有時還會幫忙一些簡單的工作,獨立且負責,讓許多人印象深刻。透過認識媽媽的各界優秀朋友,孩子的視野、知識和格局也得到了拓展。這些都是她過去的工作,所無法帶給他們一家的珍貴體驗。

然而,選擇這樣的工作模式也有一些辛苦點。由於孩子的成長和狀態不斷變化,工作節奏需要頻繁調整,每次調整都會經歷一段陣痛期;但也在多次調整中,讓珊迪兔更有彈性,也讓她思考自己所在意的究竟是什麼,並且為之努力。為了滿足自己的期待和陪伴孩子,她不斷調整自己內心對於「好媽媽」和「事業成功」的定義。

目前的收入,不但超過珊迪兔原本的預期,也超過日常所需。她深信教育和持續學習的重要性,並將這種信念付諸實踐,幫助更多人實現自己的夢想。透過 Mompower 媽媽商學院,她希望能夠為更多女性提供支持,讓她們在追求夢想的道路上不再孤單。

珊迪兔還與朋友一起發起了「台灣國際難民教育支持協會」，深信教育的力量可以幫助許多人改變命運，過上不同的人生。可以說，珊迪兔不但為自己圓了夢，完成原本希望陪伴孩子時也能有份收入的目標，還能夠朝著志業邁進，幫助更多家庭過得更富足，這是她原本創業之初未曾想到的！

## 凱若說：心態正確，離夢想更近

我認識珊迪兔超過十五年的時間，緣分自經營婚禮顧問公司時就開始，一路到現在，我們仍舊有著許多不同的合作。從她在家族企業中幫忙時，我就對這個熱情且笑容滿面的年輕妹妹很有好感。她積極地為公司團隊找尋被培訓的機會，自己也總是在進修，當時我就知道，她這份願意學習與正面的心，肯定會帶她到達更大更遠的夢想之地。

後來她進入大型新創公司負責要務，卻無法與自己的母職融合，便毅然決然離開公司，從頭開始自己的事業，而開始的那些年真的很不容易。然而，她並沒有停下學習成長的腳步，總是謙遜樂觀；事實上，她的才華與美好很難完全不被看見，因此這些年見證她的發展，也同樣讓我感動與開心。年輕的她，人生已經歷過許多不同階段，外界再怎麼變化，不變的就是她一顆永遠朝著明天、正面前進的心。

許多人問我，需要什麼「能力」才會成功？其實我相信，這並不是能力之間的差距，而是「心態」。擁有成長型思維，讓珊迪兔不怕挫折與辛苦，跌倒了拍拍屁股繼續前進，持續學習，這讓她一路上總能留下寶物，也一直有貴人相助。

## 珊迪兔小檔案

珊迪兔當了媽媽之後，從馳騁職場的職業女性轉變為超強媽咪。而她創立的「Mompower 媽媽商學院」，在友善媽咪的學習場景與社群互動下，提供多元學習管道，創造媽咪舞台，開創斜槓創業機會。

「Mompower 媽媽商學院」官網：https://mompower.cc
「Mompower 媽媽商學院」FB：
https://www.facebook.com/mompower.cc
podcast：《精算媽咪的家計簿》

### *Superpower*：
### 持續成長與前進，永遠都有更多可能性

珊迪兔的「正面樂觀」與「學習力」，給予她開創新局的底氣。不管手上的牌是如何，她都有辦法用這樣的超能力，創造出新的可能性。

## 從社工到整理師的安頓身心之旅

# 整理師——Ashlee

Ashlee 原本在社福團體工作，因為個案有囤積症而去進修整理課程。這讓她發現整理工作和社工工作有很多相似之處，但整理的速度更快，成效也更顯著。為個案打造舒心又整潔的生活環境，讓她感到滿足，因為一個小小環境的改變，竟然可以為服務對象帶來個人心情與家庭氣氛的翻轉，這也給予她很大的動力。

一開始，Ashlee 只是兼職從事整理師的工作，但生完第二胎後，她便一直在思考如何擁有一份能兼顧工作和照顧孩子的事業，最後決定全職投入整理師工作。她努力考取講師證照，增加自己的工作機會，並開始講課和培訓學生。在 Ashlee 成為整理師的那時，台灣市場對於這項服務還很陌生，她也抓住這個契

機，建立起在業界的地位與名聲，事業逐漸越來越穩定。

　　現在的 Ashlee 工作不僅僅是為了孩子，更是為了實現自己的夢想。她將工作時間安排在每天的 10:00 到 18:00，每週也僅承接一到兩個案件，以便照顧家庭。而她最大的專長就是透過與案主的對談，很快地抓到對方生活使用上最方便的模式，讓「整理」不只是將物品歸類與丟棄，而是讓生活環境真正體現這個使用者的需求與個性。所以每當案主回饋「在你整理之後，我的生活變得好舒適」，或者分享自己在 Ashlee 整理過後的生活照片，都會讓她感動與快樂許久。「喜歡看到別人舒心」也讓 Ashlee 得以成為一位成功的整理師。

　　除了整理服務案件之外，Ashlee 也提供一對一教練課程培訓，幫助更多也想踏入整理師行列的朋友，讓他們得以有一份專業，能夠兼職接案，這也讓 Ashlee 感覺自己的事業很有價值。其中，有許多人也具備母親的身份。在培訓過後，這些學員部分成為她團隊的成員，她們能夠一起去現場提供服務，一起為案主創造舒適的生活環境，這過程使她感到滿足。另外，她開設了創新的「忍者整理學堂」，結合兒童整理和武術課程，讓整理變得更有趣，不只限於孩子，全家也可以一起參加活動。

　　開始自由接案和經營自媒體後，Ashlee 發現自己變得更勇敢去追逐夢想，不再只安於一般工作。工作有了更多可能性，也讓她想挑戰自己，嘗試更多領域。因此，她開始直播、講課、剪輯、

經營自媒體等，這些都是她想完成的事，不僅僅是為了孩子。

　　然而，整理工作的挑戰性並不小。特別是面對物品繁多或現場髒亂的案件，難度和強度都很高，對體力和心理都是巨大的考驗；尤其是遇到蟑螂、老鼠等角落生物時，Ashlee 需要很大的勇氣來面對。儘管如此，只要客戶滿意，她覺得一切都是值得的。對 Ashlee 來說，面對與客戶、團隊的期望溝通，也讓她學習許多。過去的她很害怕讓人失望，很希望所有人都滿意，但經營事業之後，她也漸漸更加勇敢，知道自己所能做到的，以及自己的侷限。這些都讓她更認識自己，也明白要建立一份「忠於自我」的事業的確是不容易。而她，正在這條路上持續前進！

## 凱若說：不要害怕碰觸自身的恐懼

　　Ashlee 全身散發出可親的氣質，這也解釋了她為何能成為一位成功的整理師。她是藍月計畫個人諮詢的學員，在過程中，她面對到自身 superpower 的兩面：一個是因為能夠非常貼切地滿足案主的需求，所以能夠將整理師的工作做得非常順利；另一面則因為在意對方的想法與需求，有時很難完全「做自己」。

　　而這個是許多優秀的專業服務者會面對的兩難。我很欣賞 Ashlee 的原因，就是她總是願意再更深入地認識自己，不害怕碰觸自己的恐懼。我認為，這也與「整理師」的專業非常契合。

她不怕走入最混亂的地方，而是從那裡出發，或許才是真正釜底抽薪解決一切問題的真正解答！

## Ashlee 小檔案 ╱

Ashlee 提供日式居家質感整理和日式質感搬家服務，幫助生活忙碌的人們整理出舒適的生活空間，不論是忙碌的媽媽還是創業者，都能擁有一個專屬的休息角落，休息片刻，好好釋放自己，款待自己。

**Ashlee FB**：https://www.facebook.com/KIREIORGANIZE
**Ashlee IG**：https://www.instagram.com/kireils

## *Superpower*：
## 為他人在混亂的日常中找出美好

Ashlee 整體散發著溫暖與乾淨的日式氣質，然而，若想像她要在雜物堆與髒亂之中找出秩序，肯定是件很不容易的事。許多人整理自己的家就已經快要崩潰，更別說還要整理其他人家中的髒亂。但她並不怕探索和碰觸這些，反而強大的「助人心」與「同理心」讓她可以從這些日常找出美好片刻。在任何家裡，都能有身心休息的角落；同樣地，Ashlee 面對自己也是如此，這也讓她得以不斷前進，並且將事業與生活都打造成自己喜歡的樣子。

平靜愉快，在自己的世界發光

# 裝幀設計師＆插畫家
## —— Bianco

　　金蝶獎得主，作品獲得國際肯定，並且在海外多國展覽，這些都說明了裝幀設計師兼插畫家 Bianco 的才華洋溢。從外頭完全看不出來，她是兩個大孩子的母親，因為她總是保有十足文藝青年的生活與工作模式，加上有設計感與生活感的居家環境，一切的美好都似乎沒有被「育兒」給干擾。而越深入認識她，才知道這樣的生活方式是 Bianco 很認真保護下的淨土。她希望日子怎麼過，就把日子過成那樣，如此簡單，卻非常不容易。

　　她並不是完全因為母職而選擇成為在家工作的裝幀設計師，單純是自己的個性與專業使然。

　　Bianco 最初選擇這個行業，是因為她對書籍、紙張和設計

的熱愛。她原本在廣告公司的創意部門擔任小設計師，生活充實而精彩，但她發現自己無法適應長時間熬夜的工作模式。於是，她轉向出版業，並在工作兩年後前往英國進修插畫、雜誌設計和圖形設計。看到自己的作品在書店裡展示，讓她覺得非常有成就感。目前她剛取得全球人才簽證，移居英國，開始在異地的有趣新生活。

Bianco 是一個內向者，喜歡獨自工作，不喜歡應酬和辦公室的雜務。她覺得在辦公室的很多時間都被浪費在無意義的活動上，例如列印文件和參加聚餐等等，她喜歡安靜完成自己喜歡的事情的那種「定靜」。比起社交，她更喜歡把時間花在自己的專業工作上，同時擁有自由的時間來做自己喜歡的事情，例如逛書店和聽音樂。

也因為夫妻兩人都選擇在家工作，因此彼此能夠在育兒上合作搭配。她的工作時間大部分也都能自己安排，將庶務瑣事、重要提案，與個人和家庭生活分配在不同時段，這讓她保有很自在的生活節奏。她感謝這種自由的工作模式，讓她在需要時能夠靈活地陪伴孩子。雖然她的生活和工作混在一起，沒有明確的界線，但她仍然對這種生活方式感到滿意。

現在，Bianco 不只能夠在家工作，更可以把家搬到自己喜歡的國度，在英國繼續她平靜的好生活。聽從自己內心的聲音，努力將自己所喜愛的事情做到最好，Bianco 向我們證明，小日

子也能十分有滋有味！

凱若說：媽媽，也能天馬行空地生活

　　Bianco 是我從第一本書就合作的裝幀設計師，她總是讓我有選擇障礙，也總是幾乎不需要多做溝通，就能抓到我心裡想表達的感覺，並且不失商業性。我時常覺得能夠把「創意」和「市場」充分結合的人都是魔法師，Bianco 就是其中的代表人物。

　　通常這樣的人都有一種人格特質，就是很認真看世界，也很專心做自己。她喜歡什麼就這樣去過活，我相信她的故事也能夠鼓勵到許多媽媽：成為人母，並不需要把自己塞入框架中。媽媽，也能夠活在自己天馬行空的世界裡！

Bianco 小檔案 ╱ ————————————————————————

Bianco 平時做裝幀設計，偶爾也畫畫。裝幀作品曾經獲得金蝶獎、MdN magazine《台湾デザイナーズファイル》收錄設計師。插畫散見《台南甜不甜》、《憂鬱的貓太郎》、《巷弄裡的台灣味》、《中年打工族》等等。

Bianco 官網：https://www.biancotsai.art

Bianco IG：https://www.instagram.com/bianco_tsai

## *Superpower*：
## 我喜歡，所以我做

　　Bianco 總是愉快，甚至可以說是「輕快」。她的世界非常簡單，卻讓人著迷而感動。Bianco 是裝幀藝術界的優秀翹楚，獲獎無數，但她做這一切不是為了獲得成就，只因為自己喜歡，就安安靜靜地完成它。許多人很用力地想要成功，想要出人頭地，卻讓自己的肩頸僵硬，人累心累，但 Bianco 有股輕盈的超能力，可以將日子永遠過得像大學生般充滿色彩與冒險。

## 跳脫原有框架，開創新天地

# 國際學校教育顧問
## —— Tiffany

　　曾在台中、新竹、台北的頂尖國際學校服務多年的游馥華（Tiffany），十分熟悉國際教育、升學及管理的制度。許多人認為，在學校的工作就是穩定不變，但是她卻深知未來的教育領域，絕對是需要更多外部顧問帶來更新更活的思維與做法。因此在女兒預備出國求學之時，Tiffany 決定將職涯轉為「自由業」，從固定在一間學校工作，轉變為多間國際學校的顧問，同時也提供學生學涯諮詢。將過去二十年工作累積的專業「自由化」，也是許多媽媽開啟職涯新發展的一個可能性。

　　Tiffany 充滿熱情和創意，她的工作範圍涵蓋國際學校及實驗學校的顧問、學生的生活輔導和留學顧問，以及不插電機器人

T Robot 作者。過去,她和女兒一起上下班,她在哪間學校工作,女兒就在哪間學校讀書。如今,女兒即將離巢,Tiffany 希望改變工作模式,使自己的時間更加彈性,自由安排,這讓她能夠更完善地照顧自己,與自己相處。幸運的是,她成功轉型為教育顧問,協助學校申請 WASC 國際認證,並拿到最高等級六年認證。另外,她也擔任實驗學校執行長,協助創校並建立制度。此外,她還兼職當學生學涯顧問。

除了豐富的國際學校工作經驗外,Tiffany 還不斷參與教育相關的書籍閱讀和各種研習活動,甚至前往國際研習,確保自己能夠緊跟國際教育的步伐,成為一名終身學習者(Lifelong Learner)。這也讓她比起固定在學校上班的時期更能掌握國際教育領域的脈動,使她所提供的諮詢服務更靈活且貼近國際上的現實。

Tiffany 深知兼顧教育孩子和工作的挑戰,而她的工作背景讓她在教育孩子方面得心應手。她在學校工作期間,接觸到許多教育案例,學到許多新的教育觀念和方法,並將這些知識應用到自己的孩子身上。她善於引導和提前規劃,與孩子討論教育問題,適時放手,讓孩子接觸更多元的學習機會。這種經驗使她逐漸形成了一套教育理論和方法,現在她也將這些知識分享給其他家長和孩子,幫助那些迷惘的家庭找到方向。

選擇將原本的專業轉變以「個人顧問」的方式來提供服務,

讓她擁有更靈活的時間，可以顧好自己的身心健康。這種自由的工作模式讓她整個人精神煥發，思路清晰，生活也變得更加平衡。她對目前的工作收入感到滿意，並同時努力提升自我。然而比收入更重要的是，她能夠在家庭生活中找到與工作的融合點，實現自我肯定與自我實現。

　　一開始，Tiffany 曾面臨一些迷惘和焦慮，因為從有固定薪資的工作轉變為可能沒有穩定收入的狀態，需要一段適應期。她需要快速轉變，不斷嘗試和累積名聲與收入。這個過程充滿了挑戰，但 Tiffany 憑藉堅強的意志力和對教育的熱愛，逐漸在這個領域站穩了腳步。

## 凱若說：不斷提升專業，營造多贏模式

　　透過藍月計畫的一對一諮詢項目，我認識了熱情又專業的 Tiffany，從她的分享中，也對教育現場有這麼多夢想者的投入而感動。我的女兒在歐洲的國際學校就讀和畢業，因此我深知國際學校所提供孩子的教育廣度，與傳統教育體制有著天壤之別。老師們必須隨時跟上科技與社會的腳步，才能提供學生更貼近社會發展近況的資訊與內容。的確有許多學校希望做出不同，但教育領域博大精深，如果沒有專業顧問協助，難免顧此失彼，或無法跟進時代脈動。Tiffany 所擁有專業的寶貴之處，就在於此。

　　她能夠跳脫在穩定學校提供服務的舒適圈，往外探索，著實不易。這不僅為她帶來職涯的新突破，更讓她隨時處在不斷提升自己的環境，對於她服務的這些學校與機構來說，Tiffany 的持續學習，確保了他們得以保持在世界發展的第一線；並且對於學校與單位而言，不需要聘任全職的員工，卻能得到更高品質的服務，這樣的雙贏（甚至是包含學生和家長的四贏），可說是一個良好商業模式得以發展順利的重要基礎。

## Tiffany 小檔案

身為國際學校教育顧問的 Tiffany，主要提供服務有：學校顧問，協助學校建立制度；學生學涯顧問，與學生建立密切聯繫，提供個性化建議和解決方案。透過細心傾聽、溝通和指導，幫助學生發現與發展自己的才能，實現學業和職業目標。

**「蒂芬尼聊教育 Tifedu」社團：**
https://www.facebook.com/groups/889663818988715
**「蒂芬尼聊教育 Tifedu」LINE 官方帳號：**@222ptcdi

## *Superpower*：
## 彈性與創意，為人生帶來更高自由度

　　許多人苦於自己只會一個領域，只有一種專業。但 Tiffany 成功地將一項多年深耕的專業，發展成「帶得走的能力」，提供專業顧問服務。這不但讓她事業得以發展，也是教育系統中我們期待學生們擁有的能力展現。Tiffany 的專業諮詢提供多贏的合作方式，這樣的靈活度，讓她無論在擔任學校顧問、學生學涯顧問，或是提供父母教養的專業意見上，都能勝任愉快。如果你也是在一個領域深耕的專業人士，Tiffany 的彈性與創意，也是可參考的極佳對象。

**有夢，讓台灣蜜香紅茶世界飄香**

# 旅德台灣茶品牌創辦人
# —— Claire

　　Claire 的職業生涯從半導體行業開始。她在這個壓力巨大的行業中擔任行銷，工時長且頻繁出差，甚至每週都需要搭飛機往返於上班地點和居住地之間，距離超過八百公里，但這種高強度的工作模式在孩子出生後無法持續。Claire 希望能有更多時間陪伴孩子，因此，就算她在職場上表現十分傑出，也擁有穩定的高薪工作，她仍舊決定離職。除了多和孩子相處之外，也積極追尋自己的夢想——幫助台灣產品打入國際市場。

　　她原先對於創業一無所知，甚至因為家庭的背景而對成為創業主有些恐懼。在育嬰假期間，Claire 回到台灣，重新認識了台灣蜜香紅茶。這種茶葉的獨特故事和香氣深深吸引了她，讓她萌

生了「推廣台灣茶」的念頭。回到德國後，她幸運地申請到德國政府的創業補助，這讓她得以順利轉型，從半導體行銷轉向茶葉行銷，開始她的創業之路，在德國漢堡創立台灣蜜香紅茶品牌 Leafhopper，透過網路行銷及 Amazon 線上銷售，以及跟其他通路合作。

然而，創業之路並不平坦。Claire 在無資金、無人脈的情況下，要在德國發展一個台灣傳統產品的品牌，自然面臨著巨大的挑戰。由於她希望保有自由的生活方式，也希望多陪伴女兒，因此她決定完全依靠網路銷售產品，但德國消費者習慣在實體店面購買高品質的茶葉，她的決定並不被看好，推廣上也遇到許多困難。沒想到，COVID-19 疫情的爆發改變了一切。隨著網路銷售量的激增，她的品牌在德國逐漸累積人氣，並獲得多家網路媒體的報導。2023 年，她的品牌甚至登上了德國漢堡最大報《德國晚報》（*Hamburger Abendblatt*）的新聞版面，這無疑是對她努力的最大肯定。

當然，從一份穩定高薪的工作轉變為創業，收入的不穩定性也會讓她感到焦慮，而開創新市場更需要快速適應和不斷嘗試，這也讓她時而感覺挑戰。在這個過程中，勇於尋求協助是 Claire 很大的成功關鍵。她並不悶著頭自己努力，而是熱切尋求德國政府對於新創的協助，讓專業的創業教練手把手教導自己一步步踏穩腳步。好學也認真的她，並不期望著一步登天，而是能夠踏實

地建築起事業的每塊磚瓦。

　　她回憶起一次在德國的僑團活動中,一位台僑前輩見到她時,表示:「我聽過你!你就是那個為了孩子放棄工作的Claire!」但她並不認為自己是因為孩子而放棄工作,相反地,她認為是孩子賜予了她勇氣,讓她有機會成就自己的夢想。Claire重視家庭,並且審慎地為此設下界線,讓她得以在事業發展和家庭生活中都能感到滿意,擁有不疾不徐的生活步調。作為一名創業媽媽,Claire在工作中不斷學習和成長。創業讓她有更多的時間照顧孩子,同時也能追求自己的夢想。這些經驗和時間對她來說是無價的珍寶,也讓她以實際經驗破除了原本認為「創業就會影響家庭生活」的限制性思維。

　　Claire實現了原本創業的初衷,將台灣的好產品行銷至歐洲,並且在這過程中並沒有犧牲自己最在意的家庭生活。這一切都來自於她在創業之初的審慎思考,以及一步一腳印的態度。

## 凱若說:用穩定的力量,打下事業根基

　　Claire是凱若在德國居住時認識的台灣媽媽朋友。當時,Claire有創業的念頭,卻有不少的恐懼。原生家庭的經歷讓她對於創業與家庭是否能兼顧有些懷疑,而我分享了自己的經驗,或許也在Claire的心中種下了種子,在她認真地耕耘之下,

Leafhopper 這個品牌成立並成長茁壯，我為她感到開心與驕傲。

　　我看到一個謙遜且認真的女性，在每踏出一步之前都充分思考與研究透徹，這也讓她不至於隨著事業發展的高低而有過大的情緒起伏。性格中的踏實與穩定，幫助她在一個困難的條件之中，仍舊走出自己的道路。許多人以為，創業需要的是一種外放的熱情，然而我看見許多創業女性運用她們對生活與關係的珍惜，穩健地建築根基穩固的事業。這，是在現在嘈雜的社群世代中，非常重要的一股穩定力量。

## Claire 小檔案 ╱ ————————————————

Claire 在德國創立台灣蜜香紅茶品牌 Leafhopper，期望有一天讓台灣的蜜香紅茶像印度大吉嶺般有名氣。

「Leafhopper」官網：https://leafhoppertee.de

Claire FB：https://www.facebook.com/claire.mompreneur

## *Superpower*：
## 步步踏實，走得更深遠

　　社群世代的創業者，時常迷失於按讚追蹤數，以及許多社群的貼文與活動上，但 Claire 不是這樣的性格。她用研究者的態度，認真理解創業的每一步伐，並且審慎地評估每個腳步是否適合自己，是否貼近自身的原則與條件。這讓她擁有清晰的判斷力，穩定且踏實。對於 Claire 來說，「創業」是全新的挑戰，「蜜香紅茶」也是陌生的領域，但運用這個超能力，讓她無論學習任何新領域，都能走得深遠。

## 源自孩子需求，意外圓了台灣媽媽的夢

# 華語教學品牌創辦人 —— Grace

　　Grace 在孩子出生之前，是一名護理人員，婚後隨丈夫移居日本，孩子出生後，Grace 展開了十年之久的育兒主婦生涯。為了滿足孩子的語言需求，Grace 開始找尋合適的線上華語老師，希望孩子就算生活在日本，仍舊可以熟悉華語的聽說讀寫。這個搜尋過程並不容易，因為她發現好的老師，還需要有一個好的平台，才能讓更多像她一樣的家庭，順利方便地提供孩子學習華語的環境。

　　因此，Grace 創立以孩子為名的「天天華語」（TenTenKid），是一家專注於華語教育的線上學習公司，打造專業的華語教學團隊，致力於提供創新且穩定的教學品質。自 2020 年成立以來，

天天華語已經擁有 12 位專業教師，累計進行了超過 20,000 堂線上教學課程，服務近 700 位來自世界各地的學生。

為了豐富華語學習體驗，天天華語於 2022 年運用自身的地緣優勢，開始拓展跨境實體教學業務，遍及東京、大阪、台北以及其他台灣的小學，並開發具有當地特色的華語營隊，被稱之「海龜迴游營」，為海內外學生提供全方位的華語學習機會。在此份工作中，Grace 站在家長角度，讓「學中文」成為一種家庭的共同活動，進而延伸用中文連結國際間的美好事物。如此讓孩子在天天華語裡不只有學習中文，而是可以感受到華語文化的深厚底蘊，融入生活的愉快學習氛圍。另外，天天華語的寒暑假營隊，才舉辦數次，就在重視五感體驗的家長圈中瘋傳，並且得到媒體報導與肯定。由此可知 Grace 的努力與成績有目共睹。

這個夢想的實現並不容易，過程也並非一帆風順。Grace 原本並不是教育專家，而是因為孩子的需求才開始接觸華語教育，她需要了解許多語言教育的專業，才能確定老師們提供的是適切的華語教育。她透過實際的創業經驗和了解台灣的教育現況，創造了自己理想中的學習方式。作為教育與創業的門外漢，Grace 深知自己的能力還有很大的進步空間。因此，她積極參加與自己核心理念相似的教育團隊，透過講座和工作坊，不斷提升自己的教育和創業經驗。

從來沒想過要創業的 Grace，因為孩子的需求踏入教育領

域。一開始，她對語言教育的運作方式並不了解，但透過「母親角色優勢」，她迅速理解海外家庭大人和孩子在學習中文過程中的痛點，並從這些痛點提供解決方案，如今也順利地走到第三年。今年，她也開始更明確地定位自己的華語品牌，並期望在未來的三年、五年、十年中，將天天華語打造成為首屈一指的整合型華語教學品牌。

　　過去，Grace 是一個三餐包辦的日系媽媽，但創業初期，她難以平衡家庭和工作的時間，犧牲了很多陪伴家人和朋友的時間，丈夫有時也不理解她的拚命。因此，Grace 開始調整步調，規劃好工作狀態，降低對健康和家庭相處品質的影響。

　　決定創立天天華語，雖然看似一個挑戰的選擇，卻對 Grace 作為母親的角色帶來許多正面的幫助。目前事業雖還在起步的階段，但已經帶給她許多的成長，並且讓她認識了同樣重視孩子教育的家長與教育者。另外，時間上的彈性，讓她可以隨時參加孩子的校外活動；同時，營運上的問題解決能力，變得更加敏銳和正確。而她對於新知識的學習更加積極，視野也變得更寬廣。

## 凱若說：了解並滿足受眾需求是關鍵

　　同樣身為海外的台灣媽媽，認識 Grace 之後真心感覺救贖。我們都希望讓孩子獲得母語的教育，但是無奈在海外的繁體中文

教育平台真的非常難尋。Grace 從自身孩子的需求出發，以媽媽的敏感度，抓出解決痛點的方案──「十足了解受眾的需求並且直接滿足」是 Grace 能順利建立事業起步的關鍵。未來，還有很多可發展之處，而 Grace 也需從「媽媽」轉變為「專業經營者」，這個角色的變化若能掌握得宜，天天華語確實有機會成為全世界華語教育的整合平台。非常期待！

## Grace 小檔案 ╱

「天天華語」（TenTenKid）創辦人 Grace 的使命是透過整合型中文學習課程，啟發孩子對語言和文化的熱愛，讓他們未來能流暢運用中文。願景是打造無國界的永續中文學習，因此提供系統化課程，以培育孩子的中文能力，開拓國際視野。

「天天華語」官網：https://tentenkid.com
「天天華語」FB：https://www.facebook.com/tentenkid
「天天華語」IG：https://www.instagram.com/ten_tenkid

## *Superpower*：
## 當所有人問「怎麼辦」時，她找尋資源與方法

　　Grace 與所有海外的台灣媽媽並無不同，都希望能夠讓孩子學習自己的母語，也期待有資源可以解決痛點；但不同的是，Grace 把它變成了一份事業。這種「我來解決問題」的精神，貫穿了她所有的創業細節：家庭需要營隊，她就把營隊變出來；孩子們需要實體互動，那她就發展實體的課程。這種拚勁，不斷優化的超高自我要求，讓天天華語可以得到父母的信任與青睞。

# 網路行銷專家
## —— Stella

　　在成為新手媽媽之初，Stella 就如所有決定做全職媽媽的女性一樣，主要精力放在照顧新生兒，對於「賺錢」這件事並沒有思考太多。她選擇留職停薪，全時間在家陪伴第一個寶貝，台大外文系畢業的她，偶而會接一些翻譯的案子來補貼家用。然而，由於翻譯工作的收入有限，她並不是非常滿意，而開始找尋其他在家同時可以創造收入的機會。

　　她的先生 Hans 也是台大畢業的高材生，當時在知名大型外商工作，收入很不錯，但工作時間非常長，壓力也不小。十九年前透過國中同學介紹，Stella 接觸到電子商務平台 Shop.com 的通路拓展領域，在找機會的她，感覺這或許是個可以嘗試的可能

性，但當下她的心態還未準備好，也有非常多需要學習的部分，所以發展有些緩慢，成果很有限。直到第二個孩子出生，她才深刻意識到經濟上的需要，開始全力以赴投入自己的事業。同時，Hans 的工作時間不減反增，也讓她希望能夠減輕先生工作與經濟的負擔。因此，在她的努力學習和投入之下，緩慢建立起事業的根基。

幾年下來，她的努力也打動了 Hans，從反對她花時間在事業上，到逐漸支持。而她的收入漸漸增加後，Hans 也開始思考：或許這對他們的家庭來說，會是個可以重新擁有彼此相處時間的起點，因而也開始利用空閒時間，了解並參與這份事業。所謂「夫妻同心，其利斷金」，在家人與先生的支持下，Stella 的發展開始加速，五年內她的事業全速發展，達到了原本設定的收入和規模目標，並且持續成長中。

隨著時間和經濟上的寬裕，她迎接第三個孩子的降臨，並在事業上的角色和時間分配更加彈性和精簡。而 Hans 也因此可以離開外商公司的高壓工作，夫妻一起努力之外，還可以享受家庭時光；他甚至還能夠開始做馬拉松的訓練，從每天坐辦公室的工程師，變身為皮膚黝黑、身形健美的跑者。當然，孩子們也擁有父母完整的陪伴。現在，Hans 是 Stella 生活和事業上最重要的夥伴與幫手，這也是 Stella 當初創業之時無法想像的景象。

目前 Stella 的工作主要包括輔導網路開店和提供教育訓練，

這些大部分都是透過網路進行的,因此她大多數時間都在家裡工作,偶爾會前往台北、美國和東南亞等地參加會議。Stella 每週大約工作十到十五小時,除了大型會議外,其他工作時間非常靈活,她對現在的收入模式與生活方式相當滿意。同時,她的工作需要持續進修營養和健康相關知識,這讓她在照顧家人生理狀態上更加游刃有餘。再者,財務上的寬裕讓她能將一些家務外包,同時讓孩子有更多教育的選擇。

雖然是在家兼職起步,創業所需要經歷的辛苦,Stella 仍舊一一走過。她偶爾需要在平日晚上和假日時工作,因此得事先安排好孩子的行程,這在孩子年紀還小時的確是個挑戰,也是創業之初常讓夫妻倆產生衝突的狀況——開始的前幾年,家人和朋友對她的工作並不太了解,加上收入也不是很穩定,因此她必須面對反對或負面的聲音。由於過去沒有業務和銷售的經驗,Stella 需要學習和克服許多障礙。但這些困難,並沒有讓她放棄事業,反而透過無數的溝通和自我的成長一關關度過,最終獲得許多人夢寐以求的成果。

## 凱若說:不斷學習,是成功發展事業的關鍵

Stella 是我大學時期團契的好姐妹,我們從不到二十歲就認識彼此到今天,已經將近三十年了。當她開始經營事業時,我自

己的婚禮顧問事業也正在發展，我們都清楚那種想要陪伴孩子，同時也希望自己能為家庭創造更多收入的期盼，當然還有壓力。我與 Stella 不只是學生時代的好朋友，後來也與她和 Hans 在 Shop.com 的事業上共事多年。

　　我見證著 Stella 這幾年從全職媽媽，透過自身的努力與堅持，到逐漸贏得丈夫的支持與尊敬、事業上的成功，與夥伴的敬重。一切看似一場精彩的電影，但事實上唯有親身走過的人，才知道這一路有多少心酸血淚，而走過後得到最終的果實，也會特別鮮甜。

　　二十年前，網路才剛開始進入一般人的生活中，透過網路而生，或透過網路而翻轉變化的新型商業模式，在這二十年內蓬勃發展。很多人也有誤解，認為網際網路的生意就完全不需要出門，只要待在電腦前，但其實任何事業要拓展成功，都需要與「人」互動，需要大量學習，特別是完全沒有資源與背景的我們，更無法跳過任何步驟來速成。Stella 將「學習」放在她發展事業的首位，也讓她得以步步踏實，不好高騖遠，終於過著令人稱羨的生活。

## Stella 小檔案 ╱

Stella 任職於 Shop.com ╱百居拉網路行銷有限公司。她專注於經營全球跨境電商，提供消費者聰明的購物方式和優質的產品，並協助有心創業的人透過兼職起步的方式與平台合作，擁有自己專屬的跨境電商網站。公司提供完整的教育訓練和創業藍圖，幫助更多人實現創業夢想。

**官網**：tw.shop.com/stella
**Stella FB**：https://www.facebook.com/stellahuang
**Stella IG**：https://www.instagram.com/stellah0116

### *Superpower*：
### 每一個問題，都有一百種解決方案

　　Stella 是一個極其實際的人，總是非常一針見血地看見並點出現實的狀況，並且以現在手邊有的資源努力找出解決之道。她說：「每一個問題，都有一百種解決方案。」沒錯，我們只需要找到自己可用的那一種就好。和 Stella 在一起會有一種踏實感，她真實且誠懇，沒有任何舌粲蓮花，就是一步一腳印地走向夢想之地。踏實認真的靈魂，一開始緩慢扎根，最後終究會長出參天大樹。

不受限的靈活，舒心快活的日子

# 連續創業家＆
# 數位游牧人
# ——潘思璇

　　「今天你座標在哪？」這常是潘思璇（人稱 CP）的朋友們與她通訊的第一句話。因為很會四處跑的她，今天在台灣，明天可能到泰國，後天又到日本。她的工作與生活豐富多彩，甚至是許多台灣年輕女生的「生活導師」，究竟她的創業與生活故事是如何的呢？

　　CP 畢業於台大會計學系，目前是執業會計師，曾任職於台灣證券交易所九年之久，也在大型會計師事務所服務多年。或許很多人覺得會計師是一份重複且無趣的工作，那你肯定不認識 CP。她喜歡工作，也享受生活，經常在咖啡店工作或到國外數位遊牧。她十分注重生活品味，喜愛品茶飲酒，也愛瑜伽和拳擊。

她是個自由的靈魂，做自己喜愛的事，用喜愛的方式過活。

　　會計專業的 CP，求職之路一路順利，但她心中總想做點更有趣的事，所以便兼職創了第一份飾品代理的事業。後來，又因為創業者的社團而認識第二個事業的創辦人，由於對方有許多財務上的問題向她請教，因此她乾脆從證交所辭職，成為這家「電子集點」公司的共同創辦人，開始全職創業人之路。

　　2015 年，她和學長一起創立化妝品公司，並且專心投入經營這個品牌，甚至讓它走向國際市場。化妝品公司僅經營三個月就開始盈利，使她堅信這個選擇是正確的，於是給自己三年的時間全力以赴。這段經歷讓她在創業之路上積累豐富的經驗，並且在她 2022 年離開之後，都成為她的養分，讓她突然之間開創更多元的收入模式，日子更是越過越成為自己想要的樣子。

　　2014 年至 2022 年間，CP 一直在創業。前三年，她完全沒有領薪水，甚至公司還需要她繼續投入增資。在公司開始賺錢之後，她才開始領薪水，但並不多，加上股利，總收入還是比創業前少，她經常開玩笑說，同事的薪水比她高。但由於她需要養育孩子和支付房貸，必須尋找其他收入來源，因此她仍保有會計師事務所的職務，也積極拓展其他的可能性。

　　CP 在創業過程中仍需要不斷學習，例如產品研發與製造、外銷業務、出國參展、簽約、拓展國內外通路等，還要加上行銷的細節工作，例如撰寫文案、投放廣告等。但她發揮會計師能讀

書也善學習的長才，真的一個一個專業學了起來。回顧創業期間，收入確實遠不及她當一名會計師來得豐厚，但若沒有那段時間的累積，她現在也無法幫助客戶解決如此多的問題，並開拓更多奇妙的合作和收入來源。

今年，她計畫參加專業講師的培訓課程，明年則會考取鑑識會計相關的證照。不斷地突破舒適圈和成長，沿路建立許多人脈與關係，也是讓 CP 後續發展的個人事業得以百花齊放的重要關鍵。

過去的經驗成就了現在的 CP。許多客戶認為她的豐富經歷對他們非常有幫助，因此，她協助許多中小企業主發展 SOP，拓展市場與投放廣告，這讓她發現，市場上能同時擔任財務長和行銷長的人並不多，也顯示她在市場上具有獨特的競爭優勢。除了會計的專業之外，她目前積極拓展各種有趣的多重收入來源，從企業評價業務、兼職財務長、創業顧問、講師，到個人品牌的業配、開團，還有金融商品的投資，CP 為自己打造了超過十種的收入來源，而她目前最期待的目標，就是讓收入模式搭配得上她熱愛旅行的數位游牧生活模式。

## 凱若說：熱愛學習，讓事業與人生都精彩

認識 CP，是從她創業的化妝品品牌開始，當時她常接受採訪。那時變身網紅的創業者還沒有很多，CP 應該算是打前鋒的

幾位成功代表。之後她決定離開，開啟自由自在的生活模式，許多人可能覺得非常可惜，但對於一個持續學習成長與熱愛體驗的人來說，這是豐富人生的另一個章節開始。

潘思璇小檔案 ╱ ———————————————————————

潘思璇（CP）擅長左手算數字，右手寫文案，現從事會計師業務，並擔任兼職財務長、創業與行銷顧問等，同時思考下一個創業題目。
**CP 官網：**https://cecily.tw
**CP FB：**https://www.facebook.com/CPvalueww
**CP IG：**https://www.instagram.com/cecilypantw
**podcast：**《CP 有主見》

*Superpower：*
**生活，就該是我愛的模樣**

　　在 CP 的生活中，永遠不讓自己困住，不讓自己無聊。她想學什麼就去學，想做什麼就去做。就算你認為自己沒有 CP 這樣的率性與勇氣，也可以透過向她學習，聽她的 podcast，獲得「生活也可以這樣過」的鼓勵。

## 從忙碌的事業，走入從容的生活

# 美股投資研究人
# —— Fiona

　　初認識 Fiona 的人，肯定會記得她甜美的笑容和充滿自信的正面態度。她總是能夠將生活過得有滋有味，充滿巧思。這樣的性格與才華，擔任一位選品店主理人再適合也不過了，所以，當許多人聽到她決定把經營多年且粉絲群堅固的選品事業收起來時，都不免覺得驚訝，甚至感覺惋惜。然而，對於 Fiona 來說，這些人生的轉彎和體驗，都是值得且美好的。這，就是 Fiona 的人生魅力。

　　選擇自己所喜愛的，並且充分地擁抱它——Fiona 一直以來，都是抱著這種人生哲學，來分享自己喜歡的事物，也因為她的真心誠意，總是親身嚴選最高品質的產品，加上能夠透過這些

漂亮美好的物品，將平凡日常過得好像電影場景般美好，許多粉絲忠誠地跟隨她，她的選品事業如日中天。

　　然而，無論做得多紅紅火火，如果無法與現階段的自己相合，也無法真正地快樂。她感覺到自己漸漸在忙碌中失去了體驗這些美好事物的熱情，決定順從己心，花了幾個月安排整頓，好好與選品店一個個品牌說再見。看著這些這麼棒的品牌從台灣舞台退下，雖然覺得可惜，但也為 Fiona 的勇敢決定喝采。

　　財務金融背景出身的她，對於數字和報表完全不陌生，但畢竟已經多年投入選品事業，所以要重新抓回「手感」，她也花了一些時間。Fiona 在學習這件事上從未吝惜金錢或時間，總是看準「值得」就投身，這或許就是一個優秀投資人的必備條件吧！從大量的學習與小額的親身嘗試開始，到現在只需要利用每天幾小時，就能有很不錯的收穫，讓她能夠過著合適的生活步調，充分陪伴孩子，不疾不徐地享受每一天。

　　這決定背後最主要的原因，是她希望能夠有更多時間和心情餘裕，陪伴兩個孩子成長。孩子也在她決定成為全職投資人後，在各方面都漸入佳境。她不只是放下繁重的工作而已，而是將焦點放在如何以平靜和豐盛的心情過日子，而她也終於能有心力時間照顧一家的飲食狀態，短短幾個月，家人的健康獲得很大的改善。許多人以為，多一些時間，少一點壓力，日子自然就會過得好，但其實 Fiona 讓我看見，將焦點放在「能量管理」上，理解

自己和家人最合適安好的狀態是如何，所有方面都能夠感受到豐盛與圓滿。

當然，「美股投資」並不是每天都像過聖誕節，許多專業投資人的日子過得很辛苦，因為每天股市的起起伏伏，都容易讓不夠穩定的靈魂感覺到焦躁。在股市回檔時，Fiona 需要能夠保持冷靜，穩住自己的心態，不讓這些變動影響生活。這也是為什麼我會說，並不是因為 Fiona 選擇了美股投資，所以她能過上美好的生活，而是因為她先將自己身心靈都整理得很好，所以只需要選擇一個喜歡的領域，就能發揮得當。許多朋友想要找「我可以做什麼」，事實上，先把自己的狀態調整好，心靈的天線也就能接通，更知道自己適合什麼，喜歡什麼，自然也就容易成功。

Fiona 說，自己是一個以研究美股和健康生活為樂的女子。這份事業讓她能夠實現自我價值，同時也能夠照顧她的家庭。勇於聆聽自己內心的聲音，並且開放地領受宇宙所給予的安排與機緣，我想，Fiona 將這樣的生活體現得非常完美呢！

## 凱若說：成為一個懂得聆聽靈感與心聲的人

會認識 Fiona，是因為我們同樣經營選品事業，她在這個領域上算是我的前輩，因此我也向 Fiona 學習到許多經營品牌和社群的心法。當聽到她決定將選品店收起來時，我對她說了「恭

喜」，因為我知道她在經營得有聲有色的同時，已經在思考著「這份事業是否帶給我適合的生活模式」，因此做出這個決定，肯定對她和家庭都是極好的起點。事實也證明，她真正能夠過著自己喜歡的豐盛生活。

就如前文所說，許多朋友閱讀這本書時，可能在找尋「可以做哪種產業」，但我在藍月計畫的諮詢中時常提醒學員，要先將自己的狀態整理好，成為一個懂得聆聽自己靈感與心聲的人，懂得自我鼓勵與安慰的人，懂得自己長才與 superpower 的人。因為，當我們是這樣的人時，我們的內心感恩而豐碩，充滿能量且溫暖，可以在任何自己選擇的產業上發光。這樣的人會吸引同樣正面的人與她合作，因此生活中的人際挑戰也就少了；這樣的人跌倒後容易站起來，甚至更有力量再前進，因此成功的機率就高了；這樣的人不會因為事業而荒廢人生中重要的部分，例如身心健康、家庭與關係，因此容易成功且快樂。Fiona 的故事，正說明了這樣的前後因果呢！

## Fiona 小檔案 /

原本是選品店主理人的 Fiona，現在是以研究美股和健康生活為樂的女子。

**「暖活習作：一起學習過生活」社團：**

https://www.facebook.com/groups/504136013464774

**Fiona FB：**

https://www.facebook.com/fiona.sixfish

**Fiona IG：**

https://www.instagram.com/fiona6fish

### Superpower：
### 聆聽內心，讓宇宙與靈感發揮力量

　　許多人不理解，光是誠實面對和聆聽自己內心，會有多大的力量。每回與 Fiona 對話，都會感覺到這份全然接納與感恩所帶來的強大。她不強求一定要達成什麼目標，而是回頭與自己對話，清楚現在手上做的每件事，遇見的每個人，宇宙有什麼樣的美意，以及內心如何告訴自己。因此，她行事為人不勉強也沒有苦澀，自然讓身邊的朋友如沐春風。許多人以為，力量來自於勉強與艱苦，但 Fiona 告訴我們，力量來自於仁慈，與擁抱生命中的美好。

# 婚禮顧問與主持
## —— Amy

　　「婚禮顧問」是很多女性嚮往的工作，感覺總是能身處充滿粉紅泡泡的環境當中，幸福洋溢。而 Amy 就是這樣一個圓夢的女生。從 2008 年開始，Amy 還在幼兒園上班的時期，便開始利用工作之餘進修婚禮相關的課程和培訓，週末則主持婚禮。離開幼兒園之後，便以婚禮主持作為正職，一路到現在，也已經十六年。

　　這十多年間，Amy 也升格成為母親。她更延伸服務項目到寶寶抓週、性別揭曉、收涎等等活動，真正參與在許多家庭重要的快樂日子之中。這些新服務讓她能夠與新人保持長久的聯繫，延續彼此之間的緣分。

　　原本在家工作的 Amy，現在已經有了辦公室與團隊。當然，

日子也是非常忙碌的，工作時間幾乎是二十四小時，因為這份工作需要大量投入和靈活安排。儘管工作繁忙，她對目前的生活步調感到滿意，因為可以自己調配以照料家庭與自己的需求。

由於這份工作是投身在客人們最重要的人生大事上，壓力不小，必須付出時間精力，才能有相對應的報酬。加上婚禮大多在週末舉行，這意味著 Amy 有時無法參加家庭聚會或須犧牲一些與孩子週末相處的時間。但這份事業仍舊給予她許多成就感。

從一個人走到團隊，從兼職走到全職，再到成為母親，這些年以來，Amy 經歷了自己人生的變化與轉折；所有的辛苦，都在新人的滿意回饋以及能擁有一份屬於自己事業的成就感上，得到撫慰。Amy 的「沂萱 Amy 婚禮室」，現在可說是婚禮業界炙手可熱的團隊呢！

## 凱若說：拓展技能與視野，有助創造新契機

Amy 是凱若很早期開設婚禮顧問與主持培訓課程時的學員，而且非常優秀。之後她自己接案了一段日子，便開設自己的公司，培訓出自己的團隊。看著她一路持續成長，有著事業上的好成績，我也是與有榮焉，為她感到非常開心。

許多朋友可能想著：「我也希望兼職經營副業，但我能夠做些什麼呢？」此時不妨像 Amy 當時做的一樣，利用下班時間來

進修，讓自己得以擁有更多的技能，拓展視野與人脈，或許也能夠創造新的契機！

## Amy 小檔案

「沂萱 Amy 婚禮室」的存在，就是一個儀式感，就是在幫客人創造儀式感。從婚禮到孩子抓週，甚至是結婚紀念日，需要儀式感的事，請交給他們服務。

**「沂萱 Amy 婚禮室」官網**：https://ai-weddings.com
**「沂萱 Amy 婚禮室」FB**：
https://www.facebook.com/AmyWeddingAmylin
**「沂萱 Amy 婚禮室」IG**：https://www.instagram.com/amy.planner.mc

### *Superpower*：
### 隨時抱著好奇心，開展無限可能性

「你的成就，決定在下了班做些什麼」這是許多人說過的話，而這也是事實。我有許多在婚禮顧問和主持培訓課程中的學生們，還有電商通路平台的兼職創業朋友們，都是用這樣的態度，在別人已經回家約會追劇的時間，拿來參與培訓課程，或發展副業，漸漸把斜槓變成了自己的事業。這過程，肯定會有許多辛苦，但是當我們抱著好奇心，拓展自己的領域，有可能原本覺得「很有趣的事」，也能夠為你帶來完全不同的生活。

| 結語 |

# 每個人都有築夢的
# 自由與能力

　　若要說出版七本書之後最大的心得是什麼，那就是一本書的誕生，絕對是團隊合作的成果。特別是這一本書，更是集結許多美好靈魂才得以誕生。

　　首先，要感謝時報出版蔡月薰主編的邀約、企劃，與溝通執行。我一直在自己的版面上分享這些媽媽好友們的故事，而今能夠將這些片段更完整地集結，更讓人發現原來有這麼多的可能性，這個點子真是太棒了！這麼多分享者的資訊要聯繫與確認，也絕對需要細心與專業的協助，感謝郭盈秀協力編輯，與負責內頁編排的楊雅期設計師，將本書內頁的排版與校對進行得如此順暢。也謝謝蔡雨庭企劃在這本書的宣傳上盡心盡力，讓這些故事被更多人所看見。

　　當然，與我多次合作，絕對指定的 Bianco Tsai 書籍封面裝幀設計師，更是讓我每一次都面臨選擇障礙，但每一次都獲得滿

堂彩！這次 Bianco 也是分享者之一，讓我們知道將一件自己喜愛的事情做到極致，也能為自己帶來如此舒心的生活呢！

　　當我收到蔡月薰主編的邀約後，腦中就已經浮現一個個好姐妹和諮詢學員的名字和故事，很感謝她們都是第一時間就答應分享自己的故事，能夠在一週內敲定二十多位書中分享者，也是我這二十年創業之路上所點滴累積起來的福分，真是萬分感激。其實，我不只是清楚她們的故事，而且有些還參與其中多年，所以寫起來特別順暢，也很有感觸。當中有許多人，已是我生命裡不可或缺的摯友，我為本書的讀者感謝你們的無私分享，更感謝你們以自己的生命故事灌溉許多人。期待本書的分享，讓更多父母親也勇敢追夢！

　　一直非常感謝，生命中有許多看重我價值的女性朋友一路支持。特別是經紀團隊「秝芙職人經紀」的執行長，也是我親愛的好姐妹——林筱薇（V Lin），她與其優秀的團隊，協助許多默默努力的優秀職人得以發光。

　　另一個總是看見我內在光芒的人，就是我的親密戰友 Jascha。他總是在我對自己有所懷疑時，告訴我在他眼中的凱若是多麼閃亮！我的父母與妹妹 Joyce，他們都是我心靈的基石，讓我這一路走來雖然還是充滿顛簸，但是總能夠穩住核心，繼續前進。

　　最後，想對我一雙寶貝說：「因為你們，媽媽的生命開始有

了意義。你們是上天給我最美好的禮物，以及最強大的永續電池！」你們對我的疼惜、包容，以及永遠「媽媽最棒」的盲目崇拜，是我每日告訴自己「要好好過」的原動力。當女兒對我說：「我遇到挫折的時候就會想『我媽媽會怎麼做？』」時，讓我感覺這過程中對身心靈的自我要求與修煉，都獲得滿足的回報。為了我的孩子，我希望自己成為更美好的人。我時時刻刻感激擁有你們！

這本書裡的每位媽媽，都有著他們的永續電池。許多傳統思維認為「媽媽事業心不夠，因為腦袋裡只有孩子」，我反而看見這些媽媽們，因為希望給予孩子更好的生活方式，而有著無窮的耐心、韌性與創造力。而且因為有了孩子，讓我們更認真地安排時間，照顧身心，不至於如傳統的創業者一樣將自己燃燒殆盡。這些，也要感謝我們身為母親。

去年九月，在一個滿月高掛的夜晚，我向宇宙祈禱：希望自己能夠成為上天的器皿，得以將這些年累積的能力與經驗，傳遞給同樣願意讓世界成為更好居所的人，特別是媽媽們。當天晚上，我將這樣的想法寫下，邀請認為我可以協助他們圓夢的朋友寫信給我。寫完這篇文後，我就滿足地睡去。隔天一打開電腦，又驚又喜地發現滿滿的故事充滿我的電子信箱。那天，「藍月計畫」一對一諮詢計畫開跑！將近一年的時間裡，感謝這些學員們的信任，讓我得以參與他們打造理想生活的築夢過程中，並將這

二十年累積的資源與祕訣分享給她們。

　　由於希望幫助更多還處在起步構思階段或想要持續成長的女性朋友，我開始了「小藍月成長社群」，透過每個月兩次的線上聚會，逐步協助參與的會員，讓自己的 End Goal 與 Roadmap 更清晰，進而一步步建立起自己的夢想階梯。如果你也對「藍月計畫／小藍月成長社群」有興趣，歡迎透過書中的 QR Code 加入我們，或者也歡迎 email 至 carol@mivida.store，告訴我關於你的故事。

　　最後，感謝讀到這裡的你。這本書中若有任何一個故事，一個人物，讓你感覺到被鼓勵，我想，我們集結眾人之力的努力就已經值得了！而每一個書中的我們，都還繼續寫著自己和家庭的故事。

　　未完，待續。

認識凱若　　　　小藍月成長社群

# 只工作不上班的媽媽，都這樣賺錢

作　　者—凱　若 Carol
經紀公司—秝芙演藝經紀有限公司

主　　編—蔡月薰
編輯協力—郭盈秀
企　　劃—蔡雨庭
美術設計—Bianco Tsai
版面構成—點點設計・楊雅期

總 編 輯—梁芳春
董 事 長—趙政岷
出 版 者—時報文化出版企業股份有限公司
　　　　　108019 台北市和平西路三段 240 號 7 樓
　　　　　 發行專線—（02）2306-6842
　　　　　讀者服務專線—0800-231-705、（02）2304-7103
　　　　　讀者服務傳真—（02）2304-6858
　　　　　郵撥—19344724 時報文化出版公司
　　　　　信箱—10899 臺北華江橋郵局第 99 信箱
時報悅讀網—http://www.readingtimes.com.tw
電子郵件信箱—books@readingtimes.com.tw
法律顧問— 理律法律事務所　陳長文律師、李念祖律師
印　　刷—勁達印刷有限公司
初版一刷—2024 年 9 月 13 日
定　　價—新台幣 480 元

時報文化出版公司成立於一九七五年，並於一九九九年股票上櫃公開發行，
於二〇〇八年脫離中時集團非屬旺中，以「尊重智慧與創意的文化事業」為信念。

只工作不上班的媽媽，都這樣賺錢：教你如何把熱愛變事業，一邊做媽媽，一邊做自己 / 凱若 Carol 作 . --
初版 . -- 臺北市：時報文化出版企業股份有限公司 , 2024.09
　面；　公分
ISBN 978-626-396-662-8( 平裝 )

1.CST: 創業 2.CST: 職業婦女 3.CST: 成功法
544.53　　　　113011845